세계사를 보다

세계사를 보다1

초판 1쇄 발행 2010년 1월 1일
개정판 1쇄 발행 2021년 6월 10일
개정판 2쇄 발행 2022년 1월 24일

지은이 박찬영, 버질 힐라이어 **펴낸이** 박찬영 **편집** 김혜경, 안주영, 황민지 **교정** 김형주, 이효숙, 리베르스쿨 편집부
디자인 박시내, 오필민, 박경민, 박민정, 이재호 **그림** 문수민 **마케팅** 조병훈, 박민규, 최진주
발행처 (주)리베르스쿨 **주소** 서울특별시 성동구 왕십리로 58, 서울숲포휴 11층
등록번호 제2013-16호 **전화** 02-790-0587, 0588 **팩스** 02-790-0589 **홈페이지** www.liber.site
커뮤니티 blog.naver.com/liber_book(블로그)
e-mail skyblue7410@hanmail.net
ISBN 978-89-6582-304-9(04900), 978-89-6582-303-2(세트)
Copyright ⓒ PCY

리베르(Liber 전원의 신)는 자유와 지성을 상징합니다.

스 토 리 텔 링 과 이 미 지 의 역 사 여 행

세계사를 보다

박찬영 · 버질 힐라이어 지음

선사 · 고대

㈜리베르스쿨

머리말

이 책은 우리 아이들이 태어나기 훨씬 전에 이 세상에 어떤 일이 일어났는지 궁금증을 풀어 주는 이야기 세계사이자 대안 교과서입니다. 흔히 아이들은 눈앞의 세계만 보기 때문에 작은 세계를 자신의 시각으로 확대 해석하는 경향이 있습니다. 그 결과 우물 안 개구리처럼 자기중심적인 세계관을 가질 수도 있습니다. 따라서 세상을 바라보는 **눈을 더 넓히고 사고의 깊이를** 더함으로써 지나간 시대를 전체적으로 조망할 수 있는 능력을 길러 주어야 합니다. 다시 말해 우리가 기억해야 할 중요한 역사적 인물이나 사건을 시간과 공간의 맥락에서 파악할 수 있도록 함으로써 세계사를 더욱 효과적으로 공부할 수 있도록 기틀을 마련해 주어야 한다는 것입니다.

역사 속의 인물이나 사건을 단순히 나열하는 것은 별 도움이 되지 않습니다. 역사적인 이야기의 행간과 맥락을 살필 수 있도록 다양한 그림이나 사진, 지도, 일화 등이 제공되어야 합니다. 기존의 역사 교과서만으로는 역사의 전체 흐름을 파악할 수 없습니다. 아무리 역사적인 지식의 틀이 제공된다고 하더라도 수많은 이야기가 시간이나 공간 차원에서 연결되지 않는다면 물 위에 뜬 기름처럼 머릿속에 제각각 떠다니게 될 뿐입니다.

이 책에서는 각 주제를 연대순으로 기술했습니다. 나라별로 기술하는 것이 아니라 세기나 시대별로 이야기를 엮었습니다. 한 나라 이야기가 진행되는 중간에 다른 나라 이야기가 끼어들어 뒤를 잇는 식으로, 이를테면 소설에서 여러 가지 줄거리가 동시에 전개되는 것과 같은 방식입니다. 이런 방식은 학생들에게 시대를 연속적으로 바라보는 안목을 심어 주고 역사의 개관을 알려 주려는 이 책의 목적과도 일맥상통합니다. 그리스 역사를 처음부터 끝까지 기술한 다음 시간을 거

슬러 올라가 로마 역사를 기술하는 방식과는 다릅니다. 역사를 이런 식으로 기술하는 이유는 역사의 전체 흐름을 이해하고 이후에 공부하면서 세부 사항을 하나씩 채워 넣도록 하기 위함입니다. 화가가 밑그림을 먼저 그려 놓고 세부 묘사로 들어가서 덧칠하는 것과 같은 원리입니다.

이 책은 역사 과목의 보충 자료가 아니라 주교재입니다. 도입부마다 연표가 포함된 지도를 수록했을 뿐만 아니라 내용을 생생하게 전달할 수 있도록 이야기를 풍부하게 실었습니다. 이야기 하나하나를 읽을 때마다 되풀이해서 말하고, 이름과 연대뿐 아니라 전체 이야기에 관해 거듭해서 질문하고 답해 봐야 배운 내용을 잊지 않고 자기 것으로 만들 수 있습니다.

역사는 읽는 것이 아니라 보는 것입니다. 이야기의 이미지가 머릿속에 그려져야 합니다. 그려지지 않는 역사는 기억에 오래 남지 않을 뿐만 아니라 억지로 기억했다 하더라도 곧 잊어버리게 됩니다. 역사가 머릿속에 파노라마처럼 그려졌을 때, 비로소 역사를 입체적으로 이해할 수 있게 됩니다. 단편 지식은 무작정 외웠다 하더라도 시간이 지나면 곧 잊어버리게 마련입니다. 따라서 복잡한 역사를 정복하기 위해서는 '역사 지도, 연대표, 이야기'를 삼위일체처럼 자신의 것으로 만들어야 합니다.

'누군가가 삼위일체 작업을 대신해 주면 얼마나 좋을까?'라는 생각에서 출발해 전문가들의 도움을 받으며 한눈에 보는 역사책인 『세계사를 보다』를 제작하기 시작했습니다. 청소년이 꼭 알아야 할 세계사 지식을 빠뜨리지 않고 다루었을 뿐만 아니라, 두 차례의 세계 답사 여행에서 확인한 역사의 현장을 생생하게 전달하는 것도 잊지 않았습니다. 학습에 꼭 필요한 사진은 직접 찍은 수만 컷의 사진과 자료 사진 중에서 엄선했습니다.

역사는 공들여 공부해야 합니다. 그래야 무너지지 않습니다.
역사를 벼락치기로 공부할 수 있다고 생각하면 큰 오산입니다. 오랫동안 축적된 배경지식과 독서가 바탕이 될 때 비로소 역사가 나에게 다가옵니다. 세계사는 이 세상의 모든 지식이 압축된 과목입니다. 다양한 주제가 언급되는 논술 시험을 위해서도 세계사 읽기는 필수적입니다.

효율적인 책 읽기를 위해『세계사를 보다』가 어떻게 구성되어 있는지, 장점은 무엇인지 소개하겠습니다.

첫째, 세계사를 단순하게 나열하는 것이 아니라 재미있는 이야기를 들려주듯 구성했습니다.

이 책에는 차 한 잔이 제1차 세계 대전의 원인이 됐으며, 백의의 천사 나이팅게일이 크림 전쟁을 승리로 이끈 진짜 영웅이라고 묘사되어 있습니다. 게다가 중세의 성당 자체가 한 권의 성경이라고 서술하고 있습니다. 한마디로 『세계사를 보다』는 무궁무진한 이야기의 보물 창고인 셈입니다.

세계사는 잘 짜여진 한 편의 드라마와 같습니다. 역사적 사실의 전후 관계와 인과 관계를 살핀다면 이것처럼 재미있고 쉬운 과목도 없을 것입니다. 세계사가 재미없고 어렵게 느껴지는 이유는 교과서와 참고서가 암기해야 할 토막 지식 위주로 구성돼 있기 때문입니다.

둘째, 중요한 역사적 사실을 사진이나 그림을 이용해 보기 쉽게 제시했습니다.

요즘 학생들이 활자 세대가 아니라 이미지 세대임을 감안해 사진이나 그림, 지도 등을 적극적으로 활용했습니다. 이들 시각 자료만 보아도 세계사를 쉽고 빠르게 이해할 수 있을 것입니다. 시각 자료는 그 자체로 세계사의 길잡이 역할과 요점 정리 역할을 할 것입니다. 이 책

은 선사 시대부터 현대에 이르기까지 역사적인 현장을 두 발로 직접 걸어 다니며 경험한 결과물이기도 합니다. 무엇보다 역사적인 현장을 직접 찍은 사진과 현지 작가들의 사진은 세계사의 실제 장면 속으로 뛰어드는 느낌이 들도록 해 줄 것입니다.

셋째, 지도 속에 연표와 중요 사건을 표시해서 입체적 학습이 가능하도록 유도했습니다.

연표와 중요 내용을 지도를 통해 확인하고, 동시대 주변 지역의 사건까지 비교할 수 있을 것입니다. 단편적인 역사 지식은 기억에서 쉽게 사라져 버리게 마련입니다. 역사는 꼬리에 꼬리를 무는 인과 관계의 연속이기 때문입니다. 도도한 역사의 흐름을 정확히 연결하려면 역사적 사건과 관련된 장소는 물론이거니와 연도를 반드시 확인해야 합니다. 역사는 역사 지도, 연대 표, 시대적 배경 등이 종횡으로 연결돼야 비로소 자신의 것이 됩니다.

이 책은 세계사 공부를 이제 막 시작한 초등학생과 중학생을 위해 만들었습니다. 하지만 고등학생이 꼭 알아야 할 필수적인 교과 내용도 빠뜨리지 않고 다루었습니다. 따라서 배경지식의 이해를 요구하는 **수능 시험과 논술 시험에 가장 적합한 교재**라고 자부합니다. 성인도 세계사를 공부하는 것이 아니라 재미있는 이야기처럼 읽고자 한다면 적극 추천합니다.

'이미지 독서 방식'을 도입한 『세계사를 보다』는 세계사를 재미있는 과목으로 생각할 수 있도록 인식을 전환하는 데 한몫을 담당하고자 합니다. 이 책을 통해 세계사를 공부하는 참맛을 느끼고, 더 나아가 세계사를 여행하면서 온 세상이 공부의 마당이라는 깨달음을 얻을 수 있다면 더 이상의 기쁨이 없겠습니다.

지은이 씀

시간의 계단

재미있는 이야기가 간직돼 있는 시간의 계단을 밟고 천천히 내려가 볼까요? 기원 후부터는 작은 계단 여러 개가 연결된 긴 계단 하나가 100년 혹은 200년을 나타냅니다. 아주 먼 옛날에 무슨 일이 있었는지 이야기를 들어 보세요. **동시대에 서양과 동양, 그리고 한국에서 무슨 일이 일어났는지 서로 비교해 보세요.** 재미있는 시간 여행을 하다 보면 어느덧 우리가 사는 현재에 도착해 있을 겁니다. 연대를 한꺼번에 외우려 들지 마세요. 처음부터 질려서 다시 쳐다보기도 싫어질지 모르기 때문입니다. 한 번에 한두 개의 이야기만 살펴서 완전히 자기 것으로 소화하는 것이 더 바람직합니다. 이 책을 다 읽은 후 시간의 계단을 빨리 뛰어서 내려가면 전체를 좀 더 쉽게 파악할 수 있을 겁니다. '시간의 계단'은 세계사에서 시간의 범위와 역사의 발전 추이를 한 눈에 볼 수 있게 정리한 자료입니다. 방 한쪽 벽면에 '시간의 계단'을 붙여 놓고, 역사책을 읽을 때마다 인물과 사건을 확인해 보세요. 또 여러분의 연표도 직접 추가로 만들어 보세요.

-5,000,000 ---

5,000,000 BC 오스트랄로피테쿠스 출현

500,000 BC 호모 에렉투스(베이징 원인) 출현, 단양 금굴 구석기 유적

200,000 BC 호모 사피엔스(네안데르탈인) 출현

40,000 BC 호모 사피엔스 사피엔스(크로마뇽인) 출현, 청원 두루봉 동굴 흥수아이

7500 BC 신석기 시대 시작

-4,000 ---

4000 BC 청동기 시대 시작

3200 BC 최초의 도시 국가(우르) 탄생

3000 BC 메소포타미아 문명과 이집트 문명 시작

2900 BC 메네스 왕, 상 · 하 이집트 통일

2589 BC 쿠푸, 기제에 피라미드 건설

2500 BC 중국 문명과 인더스 문명 시작. 수메르인 쐐기 문자 사용

2333 BC 단군, 고조선 건국

2300 BC 사라곤 1세, 바빌로니아 건국

2000 BC 아시리아 왕국 성립

1900 BC 아브라함, 우르를 떠남

1875 BC 요셉, 이스라엘인을 이집트로 맞아들임

1800 BC 바빌로니아, 함무라비 법전 편찬

1600 BC 중국 상 왕조 시작. 미케네 문명 건설

1446 BC 모세 출애굽. 철기 시대 시작

1200 BC 트로이 전쟁 일어남. 페니키아 문명 등장

1100 BC 중국 주 왕조 성립

1020 BC 사무엘, 사울을 유대인 최초의 왕으로 추대

-1,000 ---

900 BC 호메로스, 『일리아드』 완성. 솔로몬시대. 리쿠르고스, 스파르타개혁

850 BC 그리스, 폴리스 형성

776 BC 그리스, 올림피아 제전 개최

753 BC 로물루스, 로마 건국

750 BC 페니키아인, 카르타고 건국

670 BC 아시리아, 오리엔트 통일

612 BC 신바빌로니아, 아시리아의 니네베 파괴

594 BC 솔론의 개혁 단행

586 BC 신바빌로니아 왕 네부카드네자르의 바빌론 유수

563 BC 석가모니 탄생

551 BC 공자 탄생

538 BC 페르시아의 키루스 2세, 신바빌로니아를 멸망시킴

508 BC 로마 왕정 종식, 공화정 실시

-500 --

500 BC 클레이스테네스 도편 추방제 실시. 브라만교 성립

492 BC 다리우스 왕, 페르시아 전쟁 시작

490 BC 마라톤 전투에서 그리스 승리

480 BC 살라미스 해전에서 그리스 승리

431 BC 펠로폰네소스 전쟁 시작

405 BC 펠로폰네소스 전쟁에서 스파르타 승리. 델로스 동맹 해체

403 BC 중국 전국 시대 시작

399 BC 소크라테스, 아테네 시민들에 의해 고소되어 사형을 당함

337 BC 마케도니아 왕 필리포스 2세, 그리스 정복

330 BC 알렉산드로스 대왕, 페르시아 정복

323 BC 이집트 프톨레마이오스 왕조 창시. 헬레니즘 시대 도래

322 BC 찬드라굽타, 마우리아 왕조 창건

-300 --

300 BC 중국 연 왕조, 고조선 침략

270 BC 로마의 이탈리아 통일

265 BC 마우리아 왕 아소카, 인도 통일

264 BC 로마, 카르타고와 포에니 전쟁 시작

221 BC 시황제, 중국 통일, 만리장성 축조

202 BC 스키피오, 자마 전투에서 한니발 대파. 유방, 한 왕조 건국

201 BC 제2차 포에니 전쟁 종결. 카르타고가 함락되고, 로마가 서지중해 패권 장악

-200 --

194 BC 위만, 고조선 왕 즉위

108 BC 한 무제, 고조선 왕검성 함락

100 BC 율리우스 카이사르 탄생

57 BC 박혁거세, 서라벌을 도읍으로 정하고 신라 건국

44 BC 브루투스, 카이사르 암살

37 BC 동명왕 주몽, 졸본을 도읍으로 정하고 고구려 건국

31 BC 옥타비아누스, 악티움 해전 승리

27 BC 로마, 옥타비아누스의 제정 시작

18 BC 온조, 하남 위례성을 도읍으로 정하고 백제 건국

4 BC 그리스도의 탄생

0 -

64 베드로, 네로 치하에서 순교

80 콜로세움 건축

79 베수비오 화산 폭발로 폼페이 멸망

96 로마 제12대 황제 네르바, 오현제 시대 개막

313 콘스탄티누스 대제, 기독교 공인. 한사군 멸망

320 인도, 굽타 왕조 성립

330 콘스탄티누스 대제, 로마에서 비잔티움으로 수도 이전

375 게르만족, 대이동 시작

395 로마 제국, 동서로 분열

400 -

427 고구려 장수왕, 평양 천도

433 아틸라, 훈족의 왕이 됨

451 서로마군, 카탈라우니아 평원의 전투에서 훈족의 서진을 제지

476 오도아케르, 서로마 제국을 멸망시킴

496 프랑크 왕국의 클로비스 왕, 가톨릭으로 개종

500 인도, 브라만교를 발전시켜 힌두교 창시

529 유스티니아누스 『법전』편찬. 베네딕투스, 몬테카시노에 수도원 창립

589 수 문제, 남북조 통일

600 -

612 을지문덕, 수 양제의 30만 별동대를 살수에 수장시킴

618 이연, 당 건국, 이후 290년간 존속

622 무함마드, 메카에서 메디나로 이주(헤지라). 호류 사를 창건한 쇼토쿠 태자 사망

660 나당 연합군 사비성 함락, 백제 멸망

668 당이 평양성 함락, 고구려 멸망

676 신라, 당을 대동강 이북으로 몰아내고 삼국 통일

698 대조영, 동모산에 정착해 발해 건국

732 프랑크 왕국의 카를 마르텔, 푸아티에(투르) 전투에서 이슬람군 격퇴

751 아바스 왕조, 탈라스 전투에서 당을 물리침

771 샤를마뉴 대제, 프랑크 왕국 통일

800 --

800 샤를마뉴 대제, 서로마 황제 대관을 받음

843 베르됭 조약으로 프랑크 왕국 분열

871 앨프레드 대왕 즉위, 앵글로족과 색슨족을 통합

916 거란의 야율아보기, 요 건국

918 왕건, 송도를 도읍으로 정하고 고려 건국

960 조광윤, 카이펑을 도읍으로 정하고 송 건국

962 교황 요한네스 12세, 오토 대제에게 황제의 관을 씌워 줌, 신성 로마 제국 출현

1,000 --

1000 레이브 에릭슨, 최초로 북아메리카 대륙 발견

1066 정복왕 윌리엄 1세, 영국 노르망디 왕가 성립

1077 신성 로마 제국의 하인리히 4세, 카노사 성에서 자신을 파문한 교황에게 용서를 구함

1095 교황 우르바누스 2세, 성지 회복 선언, 십자군 전쟁 시작

1115 여진족의 아구다, 금을 건국하고 요를 멸망시킴

1127 금의 공격으로 송이 남송으로 나라를 옮김

1192 요리토모, 전국을 평정하고 다이쇼군에 올라 가마쿠라 막부를 세움

1196 최충헌, 이의민을 죽이고 정권 장악

1204 제4차 십자군, 콘스탄티노플 점령, 라틴 제국 건설

1206 칭기즈 칸, 몽골 통일

1215 영국의 존 왕, 대헌장(마그나 카르타) 승인

1271 쿠빌라이 칸, 원 건국. 마르코 폴로, 베네치아 출발

1274 마르코 폴로, 쿠빌라이 칸 알현

1,300 --

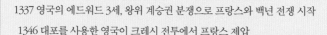

1337 영국의 에드워드 3세, 왕위 계승권 분쟁으로 프랑스와 백년 전쟁 시작

1346 대포를 사용한 영국이 크레시 전투에서 프랑스 제압

1347 유럽 전역에 흑사병 유행

1368 주원장, 난징을 도읍으로 정하고 명 건국

1388 이성계, 위화도 회군

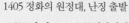

1392 이성계, 조선 건국

1,400 --

1405 정화의 원정대, 난징 출발

1429 잔 다르크, 오를레앙에서 영국군 격파

1440 잉카 제국 성립

1450 구텐베르크, 금속 활자 발명

1453 동로마 제국, 오스만 제국에 의해 멸망

1492 콜럼버스, 아메리카 대륙 발견

1497 바스코 다 가마, 인도 캘커타에 도착

1499 아메리고 베스푸치, 신대륙 탐험

1,500 --

1500 르네상스 시대(14~16세기)

1517 독일의 마르틴 루터, 95개조 반박문 발표, 종교 개혁 발단

1519 마젤란, 세계 최초의 세계 일주 항해 시작

1520 스페인의 코르테스, 아스텍 왕국 정복

1526 바부르, 인도 무굴 제국 건국

1533 스페인의 피사로, 잉카 제국 정복

1534 헨리 8세, 영국 국교회 설립

1536 칼뱅, 종교 개혁, 예정설 주장

1564 셰익스피어 탄생

1588 엘리자베스의 영국, 펠리페 2세의 스페인 무적 함대 격파

1590 도요토미 히데요시, 일본 통일

1592 임진왜란 발생, 이순신 한산 대첩

1,600 --

1603 제임스 1세, 그레이트 브리튼 왕국 기초 확립. 도쿠가와 이에야스, 에도 막부 세움

1607 존 스미스, 미국 최초의 식민지 제임스타운 건설

1616 누르하치, 후금 건국

1618 신교와 구교, 독일을 무대로 30년 전쟁 시작

1620 메이플라워 호의 청교도, 플리머스에 식민지 건설

1628 영국 의회, 찰스 1세에게 권리 청원 제출, 의회의 주권 행사 계기가 됨

1630 무굴 제국 황제 샤 자한, 아내 마할의 무덤인 타지마할 건립

1636 태종, 후금의 국호를 청으로 바꿈. 병자호란 발발

1640~1660 청교도 혁명. 크롬웰이 공화국인 잉글랜드 연방 성립

1644 청, 이자성을 진압하고 베이징 점령

1648 베스트팔렌 조약 체결로 30년 전쟁 종결. 신성 로마 제국 사실상 붕괴

1653 크롬웰, 종신 임기인 호국경에 즉위

1660 크롬웰 사망 후 찰스 2세 왕정복고

1682 루이 14세, 궁전을 베르사유로 옮김

1688 명예 혁명 발생. 네덜란드 총독 윌리엄과 메리가 권리 장전을 승인함

13

1,700 -

1703 표트르 대제, 스웨덴과의 북방 전쟁 승리, 상트페테르부르크 탈환

1740 오스트리아, 계승 전쟁 발생. 프리드리히 2세, 마리아 테레지아에게 슐레지엔 빼앗음

1756 영국과 동맹 맺은 프리드리히 대왕, 오스트리아와 7년 전쟁 시작

1760 영국, 산업 혁명 시작

1773 보스턴 차 사건, 미국 독립 전쟁 발단

1776 7월 4일 미국 독립 선언

1783 조지 3세, 미국 13개 식민지 독립 승인

1789 프랑스 혁명 시작. 조지 워싱턴, 미국 초대 대통령 취임

1793 로베스피에르, 혁명 정부 수립

1799 나폴레옹, 총재 정부 전복시키고 통령 정부 수립

1,800 -

1804 나폴레옹, 국민 투표로 나폴레옹 1세 황제 즉위

1815 나폴레옹, 워털루 전투에서 완패

1848 마르크스, 공산당 선언 발표

1853 크림 전쟁 시작. 나이팅게일, 간호 부대 지휘. 페리, 일본 천황과 미일 화친 조약 체결

1855 가리발디, 양 시칠리아 왕국을 에마누엘레 2세에게 바침

1870 이탈리아, 교황령 점령 후 수도를 로마로 옮김

1861 미국 남북 전쟁 시작, 남부연합 수도 리치먼드 함락(1865). 이탈리아 왕국 성립

1863 링컨, 노예 해방 선언

1868 일본 천황, 메이지 유신 단행

1871 비스마르크, 독일 통일. 빌헬름 1세, 독일 초대 황제가 됨

1884 김옥균 · 박영효, 갑신정변을 일으킴

1894 동학 농민 운동. 청일 전쟁. 갑오개혁

1897 고종, 대한 제국 황제로 즉위

1,900 -

1904 일본, 러일 전쟁 승리

1910 한일 병합 조약 체결

1911 우창의 신군, 신해혁명 일으킴

1912 쑨원, 중화민국 임시 정부 총통이 됨. 청 황제 푸이 퇴위

1914 오스트리아 황태자 암살이 발단이 되어 제1차 세계 대전 시작

1917 니콜라이 2세, 3월 혁명으로 퇴위. 레닌의 볼셰비키 혁명으로 소련 수립

1918 독일, 연합국과 휴전 협정 조인(11월 11일)

1919 영 · 프 · 미, 독일과 베르사유 조약 체결

1921 마오쩌둥, 중국 공산당 창당

1925 쑨원 사망, 장제스가 국민당 이끎

1929 미국, 경제 대공황

1931 일본 관동군, 푸이를 만주국 황제로 내세움

1934~1936 중국의 홍군, 국민당과 싸우며 대장정 완수

1939 독일 폴란드 침공, 제2차 세계 대전 시작

1944 아이젠하워, 노르망디 상륙 작전 성공

1945 일본 무조건 항복 선언, 제2차 세계 대전 종료. 국제 연합 창설

1948 시오니즘 운동으로 이스라엘 공화국 성립. 대한민국 정부 수립

1949 중화 인민 공화국 성립. 독일 분단됨

1950~1953 6 · 25 전쟁 발발

1957 소련, 인공위성 스푸트니크 발사

1960 4 · 19 혁명 발생, 이승만 자유당 정권 종식, 제2공화국 출범

1961 5 · 16 군사 정변 성공. 소련의 가가린, 인류 최초로 우주 여행

1964 미국의 대공산주의 봉쇄 전략의 일환으로 미군 파견, 베트남 전쟁 발생

1966 중국, 극좌 사회주의 운동인 문화 대혁명 발생

1967 유럽 공동체(EC) 발족. 팔레스타인을 둘러싸고 중동 전쟁 시작

1969 아폴로 11호 달 착륙. 암스트롱, 고요의 바다에 첫발을 내디딤

1972 박정희, 독재 정권 유지를 위해 10월 유신 단행

1979 전두환 · 노태우, 정승화 계엄 사령관 강제 연행

1980 5 · 18 민주화 운동 발생

1985 소련의 고르바초프, 개혁(페레스트로이카) 단행

1989 베를린 장벽 붕괴

1990 독일, 41년 만에 통일

1991 이라크의 사담 후세인, 쿠웨이트 침공, 걸프 전쟁 발생

1992 탈이데올로기 물결로 소련 해체

1996 한국, 경제 협력 개발 기구(OECD) 가입

1997 한국, 국제 통화 기금(IMF)에 구제 금융 신청

2001 오사마 빈 라덴의 테러 조직 알 카에다, 9 · 11 테러 감행

2006 반기문, 국제 연합 사무총장 취임

2007 한 · 미 FTA 타결

2011 세계 인구 70억 명 돌파

차례

1 돌 속에서 찾아낸 칼 |
인류의 기원

원시 인류가 두 발로 서서 걷기 시작하면서부터 '손'이란 개념이 생겨났습니다. 사실 우리의 손은 이전까지 앞발이었거든요. 보행에서 자유로워진 손의 사용은 지능을 계발하는 촉매가 되었고, 그로 인해 마침내 도구를 사용하는 인류가 이 땅에 등장하게 되었습니다. 이른바 석기 시대를 연 최초의 석수가 탄생한 셈이죠. 어느 날 그는 돌과 돌을 부딪치면 전혀 새로운 돌이 만들어진다는 원리를 발견했습니다. 돌에서 들짐승의 이빨보다 더 날카로운 칼을 찾아낸 것이지요. 그날 이후, 인류 역사에서 기술의 진보가 본격적으로 이루어지게 되었습니다.

- **기원전 50만 년경**   곧선사람, 호모 에렉투스(원인) 등장. 대표적인 화석 인류로 베이징 원인, 자바 원인, 하이델베르크인 등이 있다. 우리나라에서는 상원 검은모루동굴 유적과 단양 금굴 유적에서 유사한 흔적을 찾을 수 있다.

- **기원전 20만 년경**   슬기사람, 호모 사피엔스(고인) 등장. 대표적인 화석 인류로 네안데르탈인이 있고, 우리나라에는 역포사람, 덕천사람 등이 있다.

- **기원전 4만 년경**   슬기슬기사람, 호모 사피엔스 사피엔스(신인) 등장. 대표적인 화석 인류로 크로마뇽인이 있고, 우리나라에는 용곡사람, 승리산사람, 흥수아이 등이 있다.

21

원시인의 등장

도구를 사용하는 인간은 기원전 약 500만 년경에 처음으로 등장했습니다. 그런데 그렇게 먼 옛날 일을 어떻게 알 수 있을까요? 두 눈으로 본 것도 아니고, 그저 미루어 짐작한 거라면 뚜렷한 근거가 필요하겠죠. 마치 눈 덮인 운동장에 찍혀 있는 발자국을 보고 누군가 먼저 학교에 왔다는 사실을 추측하는 것처럼 말이에요. 이처럼 아주 오래전에 일어난 일이라도 근거만 뚜렷하다면 실제로 어떤 일이 일어났는지 추측할 수 있습니다.

그래서 고고학자들은 역사적인 유적지를 돌아다니며 이곳저곳을 파헤쳐 본답니다. 그들이 찾아내려는 것은 무엇일까요? 여러분이 생각하듯 값비싼 보물은 아닙니다. 그들이 찾아낸 것 중에는 돌로 만든 칼이나 동물의 뼈로 만든 낚싯바늘, 진흙으로 빚어 구운 그릇 등이 있습니다. 이렇게 평범한 물건들이 특별한 까닭은 무엇 때문일까요?

여러분도 한번 생각해 보세요. '도대체 이런 걸 누가 사용했을까?', '언제 만들어진 걸까?' 놀라지 마세요. 그것들은 원숭이인지 사람인지 구분하기 어려운 최초의 인류가 사용한 거예요. 이를 증명이라도 하듯 그 주위에서 오래전 '사람의 뼈'도 발견되곤 합니다. 아마 인류가 역사를 기록하기 훨씬 전에 살았던 사람의 뼈일 거예요. 이를 근거로 그 땅에 까마득한 옛날부터 사람들이 살고 있었다는 사실을 추측할 수 있습니다.

이처럼 인류가 역사를 기록하기 이전에 주로 석기를 사용하던 시대를 일컬어 석기 시대 또는 선사 시대라고 부릅니다. 아울러 그 시대에 살던 사람을 '가장 앞선 시기에 살았던 문명 이전

⊕ 아슐리안 주먹 도끼

아슐리안 석기는 100만 년 전 아프리카를 떠나 유라시아로 건너온 인류가 최초로 사용한 다용도 석기입니다. 흔히 양면 가공 석기로 불리는 주먹 도끼류는 인류 진화상 최초의 도구에 해당합니다. 사냥과 전투 등에 다목적으로 사용된 구석기 시대의 만능 '맥가이버 칼'이라고 할 수 있지요. 우리나라에서는 경기도 연천군 전곡리에서 동아시아 최초로 아슐리안 주먹 도끼가 발견되었습니다.

의 사람'이란 뜻으로 원시인이라고 부릅니다. 원시인은 지금 우리들처럼 두 다리로 서서 걸어 다녔지만 생김새는 우리와 조금 달랐어요. '털 없는 원숭이'의 모습을 한번 상상해 보세요.

지금까지 알려진 바로는 가장 앞선 시기의 원시 인류가 아프리카에서 생활했다고 합니다. 흔히 오스트랄로피테쿠스라고 부르는데, 이는 '남쪽의 원숭이'를 뜻하는 말입니다. 왜 그렇게 불렀을까요? 그건 오스트랄로피테쿠스가 약 450만 년 전부터 160만 년 전까지 아프리카 남쪽에서 살았고, 원숭이와 비슷한 모습을 하고 있었기 때문입니다. 오스트랄로피테쿠스를 원숭이로 보지 않고 인류의 조상으로 여기는 것은 처음으로 도구를 사용했기 때문이에요. 도구라고 해야 그저 뾰족한 돌멩이에 불과했어요. 도구를 사용했다는 것은 손을 쓸 수 있었다는 것을 의미하고, 이는 곧 인간이 두 발로 걸어 다녔다는 것을 의미합니다.

예술가 동굴인

그렇다면 그들은 어디에서 생활했을까요? 믿기 어렵겠지만 그들은 집을 지을 줄 몰랐답니다. 처음에는 무리를 지어 이리 저리 옮겨 다니는 생활을 했습니다. 그러다가 오랜 세월이 지난 뒤 지구에 빙하기가 닥치면서 추위를 피하기 위해 동굴로

◑ 인류 최초의 여성 루시
오스트랄로피테쿠스 화석을 토대로 복원한 인류 최초의 여성 모형입니다. 현재까지 발견된 것으로는 440만 년 전의 아르디(Ardi)와 350만 년 전의 루시(Lucy)가 있습니다.

찾아들었고, 그래서 동굴인 또는 혈거인이라고 부른답니다.

동굴인은 주로 사냥을 했는데, 처음에는 나뭇가지나 돌을 이용하기도 하고, 함정을 파기도 했습니다. 동굴인들은 사냥만 한 것은 아닙니다. 나무 열매나 풀뿌리도 즐겨 먹었습니다. 아마 새 둥지에서 알을 훔쳐 먹기도 했을 겁니다. 그러다가 돌로 만든 도구를 사용하기 시작했어요. 그러한 삶의 흔적은 지금도 세계 곳곳의 동굴 벽에 고스란히 남아 있습니다. 그 옛날 동굴인이 동굴 벽에 사냥하는 그림을 그려 놓은 거예요.

스페인의 알타미라 동굴에는 매머드, 들소, 사슴 등이 그려져 있는데, 아름다운 색채와 입체감이 보는 사람을 압도할 정도랍니다. 알타미라는 문자 그대로 옮기면 '높은 곳에서 바라보는 전망'이라는 뜻이에요.

❍ 알타미라 동굴 벽화
스페인의 화가 피카소는 알타미라 동굴 벽화를 보고 감동을 받아 「황소」라는 작품을 그렸고, "알타미라 벽화 이후의 모든 그림은 쇠퇴하고 있다."라고 말했어요.

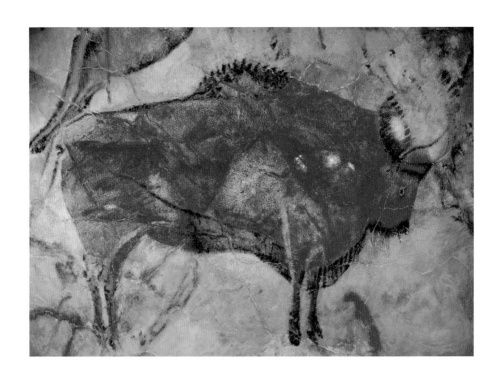

고고학자들의 연구에 따르면 동굴 내부의 유적은 기원전 1만 8500년경~기원전 1만 4000년경의 것으로 추정됩니다. 알타미라의 원시인들은 숯, 황토, 적철석이나 자연 염료를 이용해서 그림을 그렸어요. 그런데 놀랍게도 일부 그림에는 명암법이 드러나 있고, 3차원의 이미지가 나타나기도 합니다.

알타미라의 원시인들에게도 언어가 있었을까요? 녹음기라도 있었다면 모를까 뚜렷한 근거가 없으므로 정확하게 추측할 수는 없지만 그들이 집단으로 몰이사냥을 했다면 틀림없이 언어를 사용했을 겁니다. 몸짓만으로는 한계가 있었을 테니까요. 물론 언어라고 해 봐야 누구나 금방 배울 수 있을 만큼 간단했을 거예요. 아마 "우가! 우가!" 했을지도 모릅니다.

우리들 중에는 간혹 동굴인의 모습이 짐승의 모습과 크게 다르지 않다고 하여 야만인이라고 부르는 사람이 있는데 그건 잘못된 생각입니다. 그들에게도 나름의 문화가 있었거든요. 사냥한 동물 가죽으로 직접 옷을 만들어 입었고, 머리를 장식하는 것은 물론 매장 풍습과 원시 종교까지 가지고 있었을 정도니까 말이에요.

구석기 시대의 생활

석기 시대를 제대로 이해하기 위해 여러분이 그 시대에 태어난 '우가'라는 아이가 되어 보세요. 우가는 아침에 눈을 뜨면 세수는커녕 이도 닦지 않고 머리도 빗지 않은 채, 음식을 손으로 마구 집어 먹습니다. 음식이래야 운이 좋으면 짐승의 살코기와 물고기를 먹을 수 있지만, 운이 나쁘면 나무 열매와 풀뿌리만 먹어야 합니다. 이렇게 먹었으니까 아마 오래 살지는 못했을 거예요.

◐ 주먹 도끼
60만 년 전에 영국에서 발견된 주먹 도끼입니다. 도끼치고는 너무 커 보이지 않나요? 혹시 이 석기는 실제로 사용하기보다는 신분을 과시하기 위한 것이 아닐까요?
대영박물관 소장

◐ 찍개
5만 년 전에 네안데르탈인이 사용하던 찍개라는 석기입니다. 큼직한 자갈돌을 깨뜨려 만든 찍개는 가장 오래된 뗀석기입니다.
대영박물관 소장

떼석기를 만드는 방법

◐ 돌망치떼기
돌망치로 몸돌을 쳐서 떼어 내는 방식으로
전기 구석기 시대에 나타납니다.

◐ 모루떼기(부딪쳐떼기)
몸돌이나 원돌을 모룻돌에 부딪쳐서 떼어 내는 방
식으로 전기 구석기 시대에 나타납니다.

◐ 돌날떼기
쐐기를 이용해 몸돌에서 돌날을 떼어 내는 방식으
로 중기 구석기 시대에서 후기 구석기 시대에 걸쳐
발달했습니다.

◐ 베이징 원인의 모루망치떼기
모룻돌에 원돌을 올려놓고 망치로 쳐서 떼기를 하
는 방식으로 중국 저우커우뎬[周口店]의 베이징 원
인이 사용한 방법입니다.

○ 동굴 벽화

원시인들은 동굴 안쪽으로 들어가 불을 피워 놓고 망간이나 목탄으로 동물의 윤곽을 그린 다음, 막대기나 돌, 손가락 등으로 황토나 산화철을 칠해 그림을 그렸습니다.

우가에게는 책도 없고 연필도 없습니다. 토요일은 물론 일요일도 없습니다. 그저 따뜻하고 햇빛이 좋은 날이 있는가 하면 춥고 흐린 날이 있을 뿐입니다. 학교도 없습니다. 매일매일이 노는 날입니다. 온종일 뛰놀다가 배가 고프면 열매를 따 먹으면 그만입니다.

이런 생활이 마음에 든다면 다음 장면도 상상해 보세요. 동굴은 항상 춥고 축축하며 어두컴컴합니다. 그래서 그런지 바닥에는 온갖 벌레들이 기어 다니고 동굴 천장에는 박쥐가 거꾸로 매달려 있습니다. 그런 곳에서 낙엽만 깔고 지내다 보니 아무리 짐승 가죽을 몸에 걸치고 있다고 하더라도 몸의 일부만 가렸기 때문에 겨울에 얼어 죽는 사람도 많았습니다.

우가는 아침밥으로 산딸기와 풀뿌리, 그리고 날고기 한 조각을 먹었습니다. 점심에도 같은 것을 먹고, 저녁에도 같은 것을 먹습니다. 시럽을 듬뿍 뿌린 핫케이크나 달콤한 사과 파이는 어디에도 없습니다. 그저 하루 종일 사나운 들짐승이 동굴로 들이닥칠까 봐 망을 보는 일을 할 뿐입니다. 동굴에는 피할 곳이 없어서 사나운 들짐승이라도 들어오는 날에는 꼼짝없이 잡아먹힐 수밖에 없거든요. 어느 날, 사냥을 나간 아버지가 돌아오지 않을 수도 있습니다. 그래도 아직 석기 시대에 살고 싶나요?

인간은 왜 두 발로 걷게 되었을까요?

네 발로 걷는 것보다 두 발로 걷는 것이 훨씬 더 경제적이었기 때문일 거예요. 즉 원시 인류는 생존 경쟁에서 살아남기 위한 최선의 선택을 한 겁니다. 생존 경쟁이 곧 진화의 추진력이 된 셈이죠. 각각의 개체가 제한된 환경 속에서 살아남기 위해서는 무한 경쟁을 하게 마련이며, 생존에 맞게 변이하는 개체만 최후까지 살아남을 수 있습니다. 실제로 몸집이 큰 포유동물은 열대 우림 지역보다 사바나 지역을 서식지로 선택하는 것이 생존에 보다 유리합니다. 그런데 원시 인류가 사바나 지역을 서식지로 선택하는 순간, 또 다른 선택을 하게 되었을 거예요. 즉 빠른 이동을 포기하는 대신에 주위를 경계하거나 나무 막대기나 돌멩이 등 도구를 사용하기 위해 직립 보행을 선택하게 된 겁니다.

2 불을 훔친 사람들 |
인류의 진화

먼 옛날, 한 페니키아 상인이 모래 바닥에 큰 소다 덩어리를 괴어 놓고 요리를 했는데, 불에 약한 소다가 그만 열기를 견디지 못하고 모래와 반응해 유리가 되었다는 이야기가 있습니다. 이처럼 인류 최초의 연금술사는 실수를 통해 위대한 발견을 하였습니다. 밤새도록 불을 피워 놓고 잠을 청한 덕분에 불 옆에 놓여 있던 돌멩이에서 우연히 구리와 주석을 발견하게 된 거예요. 의도적으로 한 일이 아니기 때문에 위대한 실수를 한 셈이죠. 어쩌면 인류는 이러한 실수를 통해 진보하는지도 모릅니다. 그러니까 여러분도 실수를 부끄러워하지 마세요.

- **기원전 6500년경** 지금의 터키에 해당하는 동부 아나톨리아 지방에서 처음으로 구리를 이용해 도구를 만든다. 마찬가지로 기원전 5000년경에 철을 가장 먼저 사용한 곳도 아나톨리아 지방이다.
- **기원전 4000년경** 청동기 제작을 위한 야금술의 발명이 기원전 4000년경에 고대 메소포타미아에서 시작되다. 우르 유적에서 구리 합금으로 된 유물이 발견되다.
- **기원전 2000년경** 영국 콘월의 주석광이 개발되면서 기원전 2000년경에 청동의 사용이 급증한다. 우리나라에서는 양평군 양수리, 영암군 장천리 등지에서 기원전 2500년경에 청동기를 사용한 흔적이 발견되고 있다.

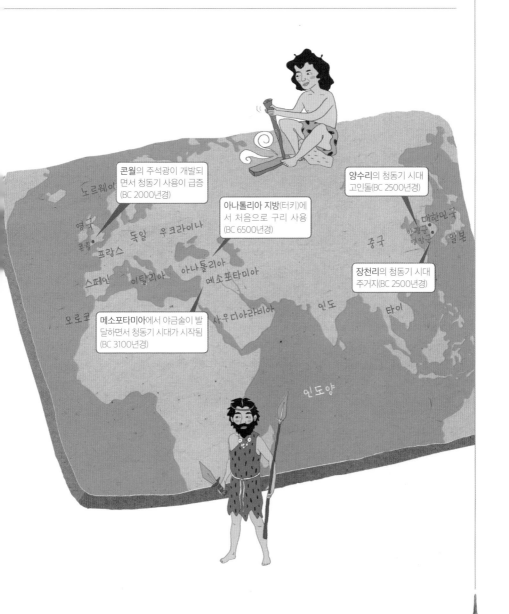

콘월의 주석광이 개발되면서 청동기 사용이 급증 (BC 2000년경)

아나톨리아 지방(터키)에서 처음으로 구리 사용 (BC 6500년경)

양수리의 청동기 시대 고인돌(BC 2500년경)

장천리의 청동기 시대 주거지(BC 2500년경)

메소포타미아에서 야금술이 발달하면서 청동기 시대가 시작됨 (BC 3100년경)

노르웨이
영국
콘월
프랑스
독일
우크라이나
스페인
이탈리아
아나톨리아
메소포타미아
모로코
사우디아라비아
인도
중국
대한민국
양평군 영암군
일본
타이
인도양

불의 주인

뭐든지 처음이 가장 설레는 법입니다. 첫 번째 만남, 첫 번째 시험, 첫 번째 여행이 그 좋은 예입니다. 이 책에서는 주로 처음에 관한 이야기를 다루려고 합니다. 두 번째, 세 번째, 네 번째 이야기는 다른 책에서도 얼마든지 읽을 수 있으니까요.

맨 처음 원시인들은 불을 두려워했습니다. 그들에게 불이란 가끔 번개를 맞은 나무와 화산에서만 볼 수 있는 놀라운 현상이었거든요. 그래서 석기 시대의 밤은 항상 어두웠습니다. 추위를 피하거나 음식을 익히는 데 불을 사용하기까지는 한참의 시간이 필요했습니다. 그러던 어느 날, 그들은 불을 다루는 법을 알아냈습니다.

양손을 빠르게 문지르면 손바닥이 따뜻해집니다. 한번 해 보세요. 더 빨리 문지르면 아마 손바닥이 뜨거워질 거예요. 이러한 원리로 원시인들은 나무 막대기 두 개를 빠르게 문질러 불씨를 얻을 수 있었습니다. 인디언이나 보이 스카우트 대원들도 이런 식으로 불을 피우곤 한답니다. 불은 인류 최초의 발명품 중 하나이며, 불의 발견은 전등의 발명만큼이나 놀라운 사건이었습니다.

당시 원시인들은 머리와 수염이 덥수룩했을 거예요. 손톱이 갈고리처럼 길게 자란 털북숭이를 한번 상상해 보세요. 그들은 집을 짓거나 가구를 만들 생각도 하지 못했습니다. 숟가락은 고사하고 냄비와 프라이팬도 없었습니다.

○ 복원된 호모 에렉투스
아메리카 대륙을 제외한 구대륙 전역에 걸쳐 생존했습니다. 아프리카에서는 40만 년 전, 아시아에서는 20만 년 전에 생존했던 것으로 추정됩니다. 대한민국에서도 1930년대 충청북도 단양군 금굴 유적에서 호모 에렉투스로 추정되는 남녀의 뼈 화석이 발견되었으나 일제 강점기에 유실되었어요. 한반도의 구석기 문화를 인정하기 싫었던 일제가 의도적으로 없앤 것이지요.

◑ 베이징 원인(BC 70만 년경~BC 20만 년경)
중국 베이징의 저우커우뎬에서 발견된 화석 인류인 베이징 원인은 호모 에렉투스에 속합니다. 석기와 불을 사용했습니다.

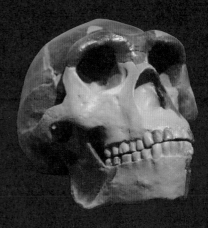

◑ 네안데르탈인(BC 20만 년경~BC 3만 년경)
호모 사피엔스에 속하는 네안데르탈인은 석기 제작 기술을 가지고 있었습니다. 또 불을 이용했고 매장 풍습이 있어 문화가 있었을 것이라고 추정됩니다.

◑ 크로마뇽인(BC 4만 5000년경~BC 1만 년경)
프랑스의 크로마뇽 동굴에서 처음 발견된 화석 인류인 크로마뇽인은 호모 사피엔스 사피엔스(현생 인류)로 분류됩니다. 구석기 시대에 살았으며 뛰어난 수준의 동굴 벽화를 남겼습니다. 뇌의 용적은 1,400~1,800cc로 오스트랄로피테쿠스에 비하면 3배나 크고, 호모 에렉투스에 비하면 1.5배나 큽니다. 머리뼈 모양만 봐도 그 차이를 짐작할 수 있겠지요.

그들이 가진 것이라곤 돌과 불이 전부였습니다. 그렇다면 최초로 불을 사용한 인류는 누구였을까요? 바로 오스트랄로피테쿠스의 뒤를 이어 등장한 호모 에렉투스였습니다. 원숭이처럼 등이 구부정한 오스트랄로피테쿠스와 달리 호모 에렉투스는 두 다리로 반듯하게 서서 걸었습니다.

호모 에렉투스의 화석은 아프리카뿐만 아니라 중국 베이징, 독일 하이델베르크, 인도네시아 자바 등에서도 발견되었어요. 이들의 화석은 약 50만 년 전의 것으로 추정됩니다. 그로부터 시간이 흘러, 독일 네안데르탈 계곡의 석회암 동굴에서 약 20만 년 전의 화석 인류 머리뼈가 발견되었어요. 네안데르탈인은 현대인과 뇌의 크기가 비슷하여 호모 사피엔스(생각하는 사람)라고 불렸어요. 이들은 가족이나 동료의 죽음을 슬퍼하며 장례를 치르기도 했답니다. 실례로 이라크의 한 유적에서는 시신 주변의 흙에서 꽃가루 화석이 나타나기도 했어요.

마침내 4만 년 전 현대인과 뇌의 크기가 거의 비슷한 호모 사피엔스 사피엔스(지혜로운 사람)가 등장했습니다. 프랑스의 크로마뇽 동굴에서 발견된 크로마뇽인이 대표적입니다. 이들은 동물의 모습뿐만 아니라 여성의 모습을 새기거나 조각상을 만들기도 했는데, 주로 가슴과 엉덩이를 크게 묘사한 까닭은 다산을 기원했기 때문입니다.

○ 네안데르탈인 여성
기원전 4만 년경에 살았던 네안데르탈인 여성의 복원 모형입니다. 네안데르탈인 여성의 평균 신장은 150센티미터이며 피부는 부드럽고 머리카락은 검붉은 색입니다.

신석기 시대의 생활

지금부터 약 1만 년 전, 지구의 마지막 빙하기가 끝나고 오늘날과 비슷한 기후가 형성되었습니다. 날씨가 따뜻해지면서 매머드 같은 거대한 동물이 사라지고 사슴이나 멧돼지 같은 동물들이 많아졌습니다. 사람들도 새로운 환경에 적응해 갔어요. 전에는 돌멩이를 그냥 깨뜨려 쓰기만 했는데, 이제는 쓰임새에 맞게 갈아서 썼지요.

말 그대로 석기를 만드는 방식이 달라진 거예요. 큰 돌에서 떼어 낸 뗀석기를 사용하던 시대를 '구석기 시대'라고 부르고, 그것을 갈아 만든 간석기를 사용하던 시대를 '신석기 시대'라고 부릅니다.

구석기 시대의 원시인들은 먹을 것을 신의 선물이라고 여겨 자연신을 숭배했지만, 신이 늘 먹을 것을 풍족하게 주지 않았기 때문에 신석기 시대의 원시인들은 밀과 보리 등을 재배하고 염소와 돼지 등을 길렀습니다. 이때부터 신석기 시대 사람들은 한곳에 정착하게 되었고, 직접 집을 지어 살았습니다. 우선 땅을 파고 단단한 나무로 기둥과 서까래를 세운 다음 짚을 얹어 지붕을 만들었지요. 이런 집을 움집이라고 합니다. 움집 안으로 들어가면 가운데에 불을 피우는 화덕이 있어서 음식을 구워 먹을 수도 있었어요. 움집에서는 4~5명 정도 살았습니다. 생활 방식이 바뀌면서 새로운 도구가 필요했습니다. 그 결과 간석기가 만들어졌고 음식을 저장하거나 조리하기 위해 토기도 등장했습니다. 동물의 뼈를 이용해 화살촉이나 낚싯바늘, 창을 만들어 사용하기도 했고, 동물의 가죽과 식물의 껍질을 이용해 옷을 만들어 입기도 했습니다.

◐ 돌조각

팔레스타인 지방에서 발견된 1만 년 전의 조각 작품으로 현재까지 가장 오래된 것으로 알려져 있습니다. 두 사람이 서로 포옹하고 있는 모습이에요. 석기 시대 사람들도 우리처럼 사랑을 나누었나 봐요.
대영박물관 소장

움집 입구에는 사냥하러 갈 때 쉽게 들고 나갈 수 있도록 돌칼, 돌도끼 등 도구를 놓아두었습니다. 자연 동굴에서 살았던 구석기 시대의 '우가'가 신석기 시대의 호화로운 움집과 갈아 만든 도구들을 구경했다면 얼마나 부러워했을까요?

신석기 시대 사람들이 농사를 짓고 가축을 기르게 되면서 지구의 인구는 급격히 증가했어요. 기원전 1만 년경에 약 300만 명이던 지구의 인구는 기원전 3000년경에는 약 1억 명이 되었습니다. 신석기 시대에 일어난 이 같은 변화는 1700년대에 일어난 산업 혁명에 필적할 만한 것이었지요. 영국의 선사학자 고든 차일드는 이 시기에 일어난 변화를 신석기 혁명이라고 불렀습니다.

◑ 유럽의 움집

후기 신석기 시대(BC 5500~BC 2750)에 우크라이나와 루마니
아 지역에 유행했던 움집입니다. 우리나라 움집이 대체로 삼
각형 형태를 띠고 있는 데 반해, 유럽의 움집은 오각형 형태
를 하고 있습니다.

◑ 암사동 움집

기원전 5000년~기원전 4000년에 형성된 서울 암사동 선
사 주거지의 움집 모형입니다.

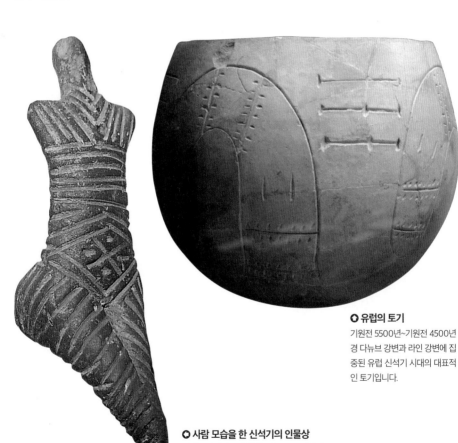

◑ 유럽의 토기

기원전 5500년~기원전 4500년
경 다뉴브 강변과 라인 강변에 집
중된 유럽 신석기 시대의 대표적
인 토기입니다.

◑ 사람 모습을 한 신석기의 인물상

다산을 상징하는 여신의 모습으로 보입니다.

◆ 신석기 주거지 스카라 브레

스코틀랜드 북쪽 메인랜드 섬에서 발굴된 기원전 3000년 경 신석기인 집단 거주지입니다. 돌로 만든 열 채의 집이 밀집되어 있지요. 거의
완전한 형태로 발굴되어 '스코틀랜드의 폼페이'로 불립니다. 유네스코 세계 문화유산으로 등재되어 있어요.

위대한 발견

청동기 시대는 우연한 발견으로부터 시작되었습니다. 어느 날, 우리의 먼 조상이 들판에 불을 피워 놓은 채로 잠이 들었습니다. 다음 날 아침 그는 놀라운 것을 발견했습니다. 불 옆에 있던 돌멩이가 이상하게 변했기 때문입니다.

"이건 뭐지?"

그는 돌멩이에 붙어 있는 반짝이는 물체를 보았습니다. 사실 불 옆에 놓여 있던 돌멩이는 그냥 돌이 아니라 구리가 들어 있던 '광석'이었을 거예요. 그것이 뜨거운 열기 때문에 녹아서 흘러내린 겁니다. 이렇게 해서 최초의 금속을 발견하게 되었습니다.

○ 원시인 연금술사
물질의 상태를 변화시킨 최초의 대장장이들이 마치 마법처럼 돌멩이에서 구리를 추출해 도구를 만들고 철을 추출해 무기를 만들었습니다.

주석을 발견할 때도 이와 비슷한 과정을 거쳤을 겁니다. 그러다가 주석과 구리를 섞으면 더 단단한 쇠를 얻을 수 있다는 사실을 알아냈습니다. 그렇게 주석과 구리를 혼합해서 만든 금속이 바로 청동입니다. 그 후 2,000~3,000년 동안 인류는 청동으로 도구와 무기를 만들어 사용했습니다. 이 시기를 청동기 시대라고 합니다.

철기 시대도 이렇게 시작되었을 거예요. 얼마 지나지 않아 누군가 철을 발견했는데, 철이 구리나 청동보다 여러 모로 쓸모가 있다는 사실을 알아낸 거죠. 지금 우리가 살고 있는 시대도 철기 시대라는 것은 알고 있죠? 이처럼 오늘날과 크게 다를 바 없기 때문에 그들을 일컬어 문명인이라고 부른답니다.

○ 청동기 무기

후기 청동기 시대에 헝가리 지방에서 사용된 청동기 칼(위)과 영국 웨일스 지방에서 사용된 청동기 방패(아래)입니다. 당시 전사들의 모습이 눈에 선하게 떠오르지 않나요? 청동기 무기는 철제 무기에 비해 깨지기 쉬울 뿐만 아니라 만들기도 어렵고 재료도 쉽게 구하기 어려워 위엄을 과시하기 위한 의식용으로도 널리 사용되었습니다. 대영박물관 소장

원시 인류에게 불은 어떤 의미가 있었을까요?

바다에 사는 플랑크톤은 새우에게 먹히고, 새우는 고등어에게 먹히고, 고등어는 상어에게 먹히는 관계를 먹이 사슬이라고 합니다. 석기 시대 원시 인류는 아마 플랑크톤 같은 존재였을 거예요. 그만큼 힘이 없었거든요. 날카로운 이빨은 고사하고 도망칠 때 빨리 달릴 수 있는 다리마저 없었기 때문입니다. 하지만 자연의 불씨를 이용하던 구석기 시대를 거쳐 마찰열을 이용하는 신석기 시대에 이르면서 가장 힘이 센 상어 같은 존재가 되었습니다. 불이 곧 인간에게는 날카로운 이빨이 된 거예요. 그때부터 추위와 어둠은 물론, 맹수의 위협까지 극복하면서 활동 영역을 더욱 넓힐 수 있었고, 음식을 요리할 수 있게 되면서 더 많은 것들을 안전하게 먹을 수 있었습니다. 생존 능력이 극대화된 거죠. 더욱이 다양한 영양분을 골고루 섭취할 수 있게 되면서 두뇌도 비약적으로 발달했습니다. 바야흐로 인류의 역사에서 불의 역사가 시작된 셈입니다.

3 점토로 만들어진 왕국 |
메소포타미아 문명

사람은 무엇으로 만들어졌을까요? 다소 엉뚱한 질문이지만 성경에서는 사람을 흙으로 만들어 그 코에 생기를 불어 넣었다고 합니다. 우연인지 메소포타미아 신화에서도 점토로 사람을 만들었다는 이야기가 전합니다. 점토로 만들어진 사람들이 점토의 달인이 되는 것은 지극히 당연한 일이겠죠. 메소포타미아인들은 점토로 못하는 것이 없었습니다. 작은 그릇도 만들고, 큰 신전도 세웠습니다. 심지어 세계 최초의 문자로 알려진 쐐기 문자를 점토판에 기록하기도 했습니다. 점토를 마치 종이처럼 사용한 셈이죠. 정말 대단하지 않나요?

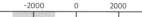

- **기원전 3200년경** 수메르인이 메소포타미아 남부 지역에 최초의 도시 국가 우르(지금의 이라크)를 건설하다. 우르는 창세기의 선지자 아브라함의 고향으로 널리 알려진 곳이다.
- **기원전 2000년경** 세상에서 가장 오래된 문학 작품인 서사시 『길가메시』가 완성되다. 총 12권의 점토판에 기록되어 있으며 현재 일부가 남아서 전한다. 우리나라에서는 기원전 2333년경에 단군왕검이 조선을 세우다.
- **기원전 1250년경** 메소포타미아의 대표적인 신전 지구라트를 세우다. 진흙으로 만들었지만 가장 높은 것은 약 100미터에 달하기도 한다.

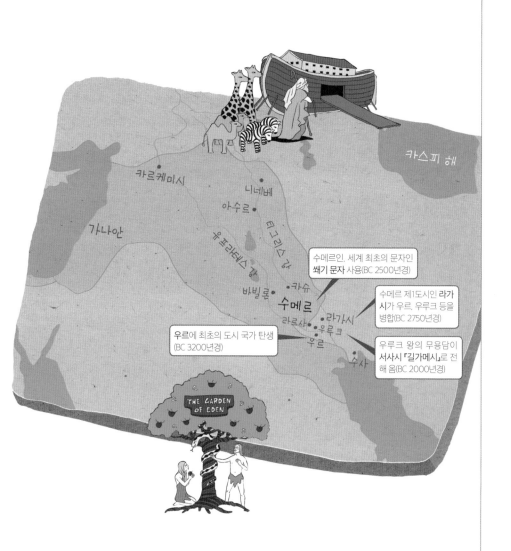

카스피 해

카르케미시

니네베

아수르

유프라테스 강

티그리스 강

가나안

바빌론

카슈

수메르

라르사 • 라가시

우루크

우르

수사

수메르인, 세계 최초의 문자인 **쐐기 문자** 사용(BC 2500년경)

수메르 제1도시인 **라가시**가 우르, 우루크 등을 병합(BC 2750년경)

우르에 최초의 도시 국가 탄생 (BC 3200년경)

우루크 왕의 무용담이 서사시 『**길가메시**』로 전해 옴(BC 2000년경)

THE GARDEN OF EDEN

티그리스 강과 유프라테스 강

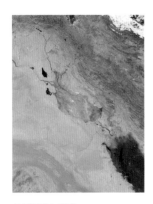

○ 티그리스 강과
유프라테스 강
두 강 유역을 중심으로 인류
최초의 문명인 메소포타미
아 문명이 발달했습니다. 성
경의 에덴 동산도 이 두 강
사이에 있었다고 합니다.

고대인들은 세상이 편평하다고 믿었습니다. 그들은 자
기네가 살던 지역밖에 몰랐거든요. 그래서 멀리 세상의
끝까지 가면

굴
　러
　　떨
　　　어
　　　　진
　　　　　다

고 믿었습니다. 그들은 그
머나먼 땅을 가리켜 '울티마 툴레(Ultima Thule, 세상의 끝)'라고 불
렀답니다. 참, 부르기 좋은 이름 아닌가요? 울티마 툴레, 울티마
툴레, 머나먼 울티마 툴레. 그런데 정말로 우리가 사는 세상에
끝이 있을까요? 그게 정말로 궁금하다면 비행기를 한번 타 보세
요. 지구를 몇 바퀴 돌아도 세상의 끝을 볼 수는 없을 겁니다.

이왕 비행기를 탄 김에 세상의 끝이 아니라 문명이 처음 시작
된 곳을 찾아가는 것은 어떨까요? 항공 사진에 두 개의 강이 보
이죠. 그중 하나가 티그리스 강이고 다른 하나가 유프라테스 강
인데, 두 강이 한 곳에서 만나 페르시아 만으로 흘러 들어가는
것이 보일 겁니다.

바로 그곳에서 최초의 문명이 시작되었습니다. 그런데 무슨
까닭으로 그곳에서 최초의 문명이 시작된 걸까요?

자, 간단한 실험을 해 봅시다. 먼저 방바닥에 두 개의 강을 그

려 보세요. 그리고 한쪽에 '티그리스'라는 이름을 붙인 컵을 놓고, 다른 쪽에 '유프라테스'라는 이름을 붙인 컵을 놓으세요. 그리고 여러분의 입을 '페르시아 만'이라고 생각하고 두 컵의 물을 한꺼번에 마셔 보세요. 혹시 물을 흘리진 않았나요? 마치 홍수가 난 것처럼 말이에요.

수메르 문명

사실 메소포타미아는 '두 강 사이의 땅'을 뜻하는 말로서 홍수에 자주 시달리던 곳입니다. 『구약 성경』 창세기 편에 노아의 방주 이야기가 전하는데, 이는 어쩌면 메소포타미아 지역에 거주하던 수메르인들이 실제로 겪은 일인지도 모릅니다. 수메르인이 건설한 도시 우르에서 대홍수가 일어났을 때, 한 현자가 가족과 가축, 들짐승을 큰 배에 태우고 대홍수를 피했다는 이야기가 『길가메시』에 전하거든요.

그런데 이런 곳에서 청동기와 문자를 사용하는 수메르 문명이 발생한 것을 보면 홍수가 꼭 부정적인 것만은 아닌가 봐요. 두 강이 범람하면서 강의 상류에서 떠내려 온 기름진 흙들이 하

류에 쌓여 비옥한 땅을 만들었기 때문이에요. 이 지역을 가리켜 '비옥한 초승달 지대'라고 불렀습니다. 다시 말해 사람들이 정착해 생활하기에 좋은 환경이 만들어진 겁니다.

이 지역에 정착한 사람들은 주위에서 쉽게 구할 수 있는 점토를 이용해 못하는 것이 없었습니다. 점토로 집을 짓는가 하면 커다란 신전, 즉 지구라트를 건설하기도 했습니다. 사실 메소포타미아의 신화를 보면, 게으른 물의 신 엔키가 신을 대신해 일을 시킬 목적으로 점토로 사람을 만들었다고 합니다. 점토로 만들어진 사람들이니 점토를 잘 다루는 것은 당연지사겠죠.

오늘날 점토로 만들어진 수메르인의 유물 가운데 가장 주목을 받는 것은 점토판 위에 뾰족한 갈대로 써 넣은 쐐기 문자랍니다. 이것이 지금까지 발견된 것 가운데 가장 앞선 시기의 문자거든요. 즉 최초의 문자인 셈입니다. 본래 수메르란 '갈대가 많은 지방'을 뜻하는 말이니까 왜 갈대를 연필처럼 사용했는지 그 이유를 알 수 있겠죠.

사실 수메르인들의 문화는 우리가 생각하는 것보다 훨씬 발달해 있었습니다. 특히 천문학과 점성술에 관심이 많아 달의 움직임을 기준으로 날짜를 계산하는 태음력을 만들었고, 그를 바탕으로 60진법을 사용하기도 했습니다.

쐐기 문자
기원전 3000년경에 수메르인이 사용했던 문자이다. 뾰족한 갈대로 점토판 위에 꾹꾹 눌러 썼는데, 그 모양이 마치 쐐기처럼 생겼다고 하여 쐐기 문자 또는 설형 문자라고 한다.

● 우르의 지구라트
점토로 못하는 일이 없었던 메소포타미아인들은 햇볕에 말려 만든 벽돌이나 구워 만든 벽돌로 메소포타미아의 주신에게 바치는 커다란 신전을 건설했습니다.

○ 수메르의 장신구
수메르 여인이 착용했던 금 장신구들입니다. 수천 년 전의 사람이 사용했던 것이라고 믿기 어려울 정도로 정교하고 화려합니다. 대영 박물관 소장

○ 달팽이를 타고 있는 땅의 신
메소포타미아 지역은 강이 자주 범람하면서 상류에서 하류로 기름진 흙이 운반되어 토지가 비옥해졌기 때문에 농사를 짓기에 안성맞춤이었습니다. 달팽이는 암수 한 쌍인 자웅 동체의 대표적인 동물로서 토지와 하나가 되어 토지를 수호하는 역할을 한 것으로 여겨집니다.
루브르 박물관 소장

수메르인의 도시 국가들은 기원전 2500년경 가장 번성했으나 패권 다툼으로 쇠퇴하고, 메소포타미아 북쪽에 살던 셈족 계통의 아카드인이 기원전 2300년경 메소포타미아와 시리아의 도시 국가들을 통일했습니다.

메소포타미아 지역에는 모두 세 종족이 살고 있었는데, 노아의 아들 삼 형제의 이름을 따서 셈족, 함족, 야벳족이라고 불렀습니다. 셈족은 노아의 장남 셈의 후손으로 모든 아라비아족의 조상이고, 함족은 노아의 차남 함의 후손으로 아프리카 북동부 사람들의 조상이며, 야벳족은 노아의 삼남 야벳의 후손으로 인도유럽어족의 조상이랍니다.

일부 학자들은 이들 세 종족을 황인종, 흑인종, 백인종의 조상이라고 말하기도 하지만, 대체로 피부색이 하얀 코카서스 인종으로 보는 학자들이 더 많습니다. 코카서스 인종은 크게 북방계(야벳족)와 남방계(셈족, 함족)로 구분합니다. 즉 백인의 조상을 멀리 거슬러 올라가면 이들 세 종족과 만나게 되는 거예요. 오늘날 미국 사람들의 대부분은 야벳족의 후손이랍니다.

외국 영화나 소설책에서 흔히 볼 수 있는 '모세'나 '솔로몬'은 셈족의 후손일 가능성이 크고, '슈푸'나 '람세스'는 함족, '헨리'나 '찰스', '윌리엄'은 야벳족의 후손일 가능성이 큽니다. 🦓

메소포타미아 지역에서 문명이 발생한 이유는 무엇 때문일까요?

모든 문명은 큰 강을 끼고 시작되었습니다. 이집트 문명은 나일 강(약 6,690 킬로미터), 인더스 문명은 인더스 강(약 2,900킬로미터), 중국 문명은 황허 강(약 5,463킬로미터)에서 발생했습니다. 메소포타미아 문명은 2,700여 킬로미터에 달하는 유프라테스 강과 1,900여 킬로미터에 달하는 티그리스 강이 하나로 합쳐져 페르시아 만으로 흘러드는 하구에 자리잡고 있었습니다. 이들 지역은 아열대성 기후로 사람들이 생활하기에 적합했을 뿐만 아니라 강이 자주 범람하면서 상류에서 하류로 기름진 흙이 운반되어 토지가 비옥해졌기 때문에 농사를 짓기에 안성맞춤이었습니다. 더욱이 교통과 어업에도 강을 이용함으로써 도시 국가로 발달할 수 있는 기반을 갖추게 되었지요. 특히 메소포타미아 지역에서는 강의 범람이 매우 불규칙적으로 일어났기 때문에 이를 다스릴 지배자가 필요했습니다.

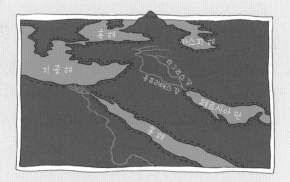

4 역사 시대의 문을 연 집시 |
이집트 문명

이 땅에 인류가 첫발을 뗀 지는 오래되었지만 그 발자취를 문자로 기록하기 시작한 것은 겨우 5,000년밖에 되지 않습니다. 지금까지 알려진 바로는 수메르 문자가 가장 앞선 시기의 문자이기 때문이에요. 역사학자들은 역사를 문자로 기록하기 시작한 시기를 역사 시대라 하여 유물이나 유적으로 그 이전의 삶을 추측할 수밖에 없는 선사 시대와 구분했습니다. 문자의 역사이기도 한 역사 시대는 지식의 축적을 통해 인류 문명의 눈부신 발전을 가져왔거든요. 집시처럼 사막을 떠돌던 함족과 셈족은 이집트로 이주해 역사 시대의 문을 활짝 열었습니다.

- **기원전 3000년경** 이집트 문명이 시작되다. 이 시기의 우리나라는 신석기 중기에 해당한다. 웅기 굴포리, 서포항 유적에서 집터와 무덤 등이 발견되다.
- **기원전 2900년경** 이집트의 메네스(나르메르와 동일 인물) 왕이 최초로 상·하 이집트를 통일하고, 약 1,000킬로미터에 달하는 지역을 지배하는 단일 왕국을 세우다.
- **기원전 2500년경** 나일 강의 범람을 기념하기 위해 무려 2,000년 동안 지어진 카르나크 신전은 현존하는 최대 규모의 신전이다.

MENES, 3400 B.C.

메네스 왕, 멤피스를 건설하고 이집트의 수도로 정함 (BC 2900년경)

중국 문명

인더스 문명

메소포타미아 문명

이집트 제1왕조의 창시자 메네스 왕, 상·하 이집트를 통일(BC 2900년경)

이집트 문명

그리스도의 탄생

여러분은 할아버지가 어떻게 살았는지 알고 있나요? 가난한 어린 시절 이야기에서부터 전쟁터를 뛰어다니던 젊은 시절 이야기까지 재미있는 이야기가 무척 많을 거예요. 그럼 할아버지의 할아버지가 어떻게 살았는지는 알고 있나요?

어쩌면 할아버지의

　　　할아버지의

　　　　할아버지의

　　　　　할아버지의

　　　　　　할아버지는

1592년에 한산도 대첩을 승리로 이끈 젊은 수군일 수도 있고, 또 그 할아버지의

　　　할아버지의

　　　　할아버지의

　　　　　할아버지의

　　　　　　할아버지는

159년에 고구려 수도인 국내성에서 병자들을 치료하던 의원일 수도 있습니다. 우리는 이 할아버지들을 가리켜 조상이라고 부릅니다. 이미 오래전에 죽었지만 조상이 어떻게 살았는지 문자로 기록한 것을 역사라고 하는데, 역사(history)란 '사람의 이야기(his story)'라는 뜻이에요.

　그런데 서양 역사에서 예수라는 인물의 이야기는 매우 특별하게 다루어지고 있습니다. 그는 '구세주'라는 뜻으로 그리스도라고 불렸는데, 그의 탄생을 기준으로 역사를 기원전(B.C.)과 기

예수 그리스도
이탈리아 라벤나의 산 아폴
리나레 누오보 성당에 있는
6세기경의 예수 그리스도
모자이크입니다. 예수의 탄
생을 기준으로 역사를 기원
전(B.C.)과 기원후(A.D.)로 구
분합니다.

원후(A.D.)로 구분합니다. 그만큼 중요한 인물
이었던 거예요. 'B. C.'는 'Before Christ'의 약어
로 '그리스도가 태어나기 전'을 뜻하는 말이고,
'A.D.'는 'Anno Domini'의 약어로 '그리스도가
계신 해'를 뜻하는 말입니다.

역사의 첫 장

역사 시대를 살다 간 조상들의 삶은 굳이 추측
할 필요가 없습니다. 왜냐하면 그들의 삶은 문자로 기록되어 있
기 때문입니다. 문자로 기록된 역사의 첫 장은 함족에서부터 시
작되었습니다. 함족은 티그리스 강과 유프라테스 강 유역에 살
던 백인의 먼 조상인데, 역사 시대가 시작되기 한참 전에 이집트
로 내려온 것으로 보입니다. 오늘날 우리가 이사를 가듯 하루 이
틀 만에 이집트로 '이사'한 것은 아닙니다. 당시 함족은 유목민
이나 집시처럼 한 번에 30~40킬로미터씩 천천히 이동했을 겁
니다. 집시(Gipsy)란 '이집트인(Egyptian)'을 줄인 말입니다. 집시
는 어느 한곳에 살다가 지루해지거나 주변에 먹을 것이 바닥나
면 새로운 곳을 찾아 조금씩 이동합니다.

집시처럼 떠돌던 함족은 마침내 나일 강에 이르러 그곳에 정
착하게 되었습니다. 왜 그랬을까요? 그것은 나일 강의 독특한
지리적 특성 때문이었습니다. 마치 수도꼭지를 틀어 놓고 물장
난을 치고 난 뒤, 흥건하게 젖은 정원에서 풀이 무성하게 자라는
것처럼, 나일 강 주변은 해마다 봄이 되면 장마로 강물이 범람했
지만 장마가 끝나면 물기를 머금은 비옥한 땅으로 변했습니다.

함족은 참 지혜로웠습니다. 그들은 나일 강이 범람하는 시기를 계산해 둑을 쌓아 강물을 저장해 두었다가 비가 내리지 않을 때 사용할 줄 알았거든요. 나일 강은 해마다 6월 중순부터 물이 불어나기 시작해 10월경에 물 높이가 가장 높아집니다. 바로 이때 사람들은 고기잡이를 합니다. 12월경에 물이 빠지기 시작하면 상류에서 내려온 기름진 흙이 쌓여 있는 땅에 씨를 뿌리고 4월경에 추수를 합니다. 대추야자와 밀을 비롯해 여러 곡식이 잘 자랐기 때문에 더 이상 집시 생활을 할 필요가 없었습니다. 아마 나일 강이 범람하지 않았다면 함족은 그곳을 떠났을 것이고, 이집트는 풀 한 포기 자라지 않는 모래사막이 되었을 거예요.

그래서 그리스의 역사학자인 헤로도토스는 '이집트는 나일 강의 선물'이라고 말했습니다. 식량을 쉽게 얻을 수 있는 데다가

○ 집시

유럽을 중심으로 유랑 생활을 하는 민족이고, 조상은 인도에서 살았습니다. 이집트에 도착한 집시들은 그곳이 살기 좋은 곳이라는 것을 알고 정착해 살다가 이집트인이 되었답니다. 유럽 역사에서 집시는 구걸이나 도둑질을 일삼는 데다가 기독교를 거부하고 우상을 숭배한다는 이유로 천시되어왔습니다.

◑ 메네스 왕의 팔레트

첫 번째 팔레트에서 메네스는 상 이집트의 상징인 백관을 쓴 채 적의 앞머리를 잡고 몽둥이로 내려치려는 듯한 모습으로 등장합니다. 두 번째 팔레트에서는 하 이집트의 상징인 적관을 쓴 채로 병사들의 사열을 지켜보는 모습으로 등장합니다. 이러한 모습은 그가 양쪽의 왕권을 모두 가지고 있었음을 나타내지요. BC 2900년경.

온타리오 왕립박물관 소장

**○ 나일 강이 준 선물,
이집트**

이집트 사람들은 10월경에
나일 강의 물 높이가 가장 높
아 지면 고기잡이를 하고, 12
월경에 물이 빠지기 시작하
면 씨를 뿌립니다.

날씨마저 따뜻해 굳이 난방을 하기 위해 석탄을 캐거나 나무를
벌목할 필요조차 없었기 때문입니다.

행운의 땅 이집트는 크게 상 이집트와 하 이집트로 나누어져
요. 그런데 지도에서 보면 상 이집트가 아래쪽에, 하 이집트가
위쪽에 있지요. 상 이집트가 아래쪽에 있다고 이상하게 생각하
지는 마세요. 북쪽을 무조건 위라고 생각하는 것은 잘못된 고정
관념입니다. 나일 강의 상류가 남쪽이고, 나일 강의 하류가 북쪽
이므로 남쪽이 상 이집트이고, 북쪽이 하 이집트인 것은 당연한
일입니다.

이집트 최초의 왕은 기원전 2900년경에 상 이집트와 하 이집
트를 통일해 제1왕조를 수립한 메네스랍니다. 그에 대해서는
알려진 바가 거의 없지만, 상수도 시설을 만들어 이집트 사람들
이 나일 강의 물을 편리하게 활용할 수 있도록 만든 왕이라고
합니다. 전화번호를 외우듯이 기원전 2900년을 기억하세요.

고대 이집트인들은 어떻게 나일 강이 범람하는 시기를 알았을까요?

고대 이집트에서는 실생활과 관련이 있는 학문이 크게 발달했습니다. 농사와 관련한 고도의 측량 기술과 10진법이 등장했고, 나일 강이 범람하는 시기를 정확하게 예측하기 위해 천문학에 관심이 많았습니다. 그 결과 이집트인들은 1년을 12개월, 1개월을 30일, 하루를 24시간으로 계산하는 태양력을 만들어 낼 수 있었습니다. 이렇게 실용적인 과학 기술이 발달했기에 그들은 나일 강의 범람을 정확하게 예측할 수 있었던 겁니다. 자신들의 왕을 태양신의 아들이란 뜻으로 '파라오'라고 불렀으니 '하늘의 뜻'을 이해하려고 얼마나 노력했을지 상상해 보세요. 실제로 고대 이집트인들은 나일 강의 높이에 매우 민감했습니다. 나일 강의 수위를 측정하는 나일로미터를 만들어 두기도 했습니다. 나일 강의 범람은 주기적인 현상이지만, 그 양과 시작되는 날짜는 지방에 따라 다릅니다.

5 사라진 벽돌 도시 |
인더스 문명

고대 인도의 인더스 문명은 여전히 베일에 가려져 있습니다. 모헨조다로와 하라파와 크고 작은 100여 개의 도시에서 인더스 문명의 흔적이 발견되었지만 그곳에 살았던 사람들이 모두 어디로 사라졌는지 알 수 없기 때문이에요. 누가 언제 그들을 공격했는지 추측만 무성합니다. 오직 아리아족의 전쟁의 신 '인드라'가 '성채'를 파괴했다는 내용이 『리그베다』에 전할 뿐입니다. 어쩌면 이민족의 침략을 받기도 전에 도시가 제 기능을 못하고 죽어 버린 것인지도 모릅니다. 실제로 이곳에는 더 이상의 강력한 문명이 들어서지 못했습니다.

- **기원전 2500년경** 인도의 인더스 강 유역에서 인더스 문명이 번영하다. 모헨조다로, 하라파 등 모두 100군데 이상의 유적이 남아 있다.
- **기원전 1500년경** 인도 북서부 지역에 '인도-아리아인'이 이주하면서 인더스 문명이 쇠퇴하고 본격적인 베다 시대가 시작되다.
- **기원전 1000년경** 인도 문명의 중심이 인더스 강에서 갠지스 강으로 이동하다.

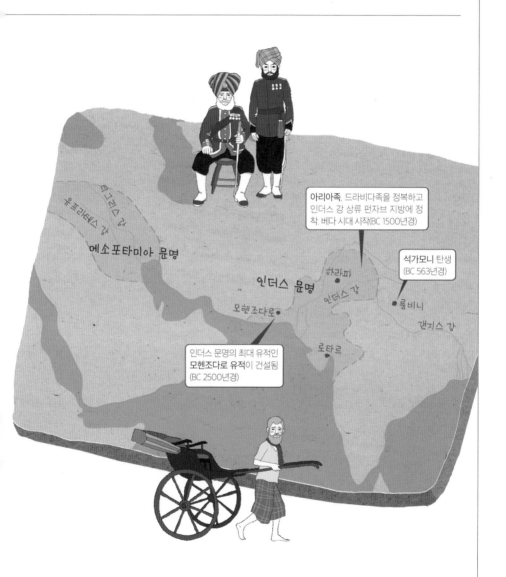

아리아족, 드라비다족을 정복하고 인더스 강 상류 펀자브 지방에 정착. 베다 시대 시작(BC 1500년경)

석가모니 탄생 (BC 563년경)

인더스 문명의 최대 유적인 **모헨조다로 유적이 건설됨** (BC 2500년경)

벽돌 문명

여러분도 잘 알다시피 고대 문명은 모두 강에서 시작되었습니다. 농사와 목축을 하면서 주변 도시와 교역하기 위해서는 강가에 모여 사는 것이 여러 모로 편리했기 때문입니다. 인더스 강 유역에 크고 작은 도시가 형성된 것은 바로 그 때문입니다. 그렇다면 생활 모습도 다른 문명과 비슷할까요?

타임머신을 타고 기원전 2500년경에 건설된 도시 모헨조다로로 날아간다면 여러분은 틀림없이 깜짝 놀라게 될 거예요. 눈앞에 벽돌로 만든 거대한 도시가 나타날 테니까요. 메소포타미아 지역에서 발견되는 벽돌은 점토를 햇볕에 말린 것인 데 반해 모헨조다로 지역에서 발견되는 벽돌은 불에 구워 말린 것이라는 점이 다릅니다.

이번에는 도시로 들어가 볼까요? 깔끔하게 포장된 도로와 잘 갖추어진 하수도 시설, 욕실과 화장실까지 갖춘 개인 주택은 물

❍ 모헨조다로 유적
파키스탄 신드에 남아 있는 고대 도시의 유적입니다. 당시 세계 최대였던 4만 명의 인구를 수용했습니다. 대형 목욕탕이 있었던 것으로 보아 당시 사람들이 수준 높은 문화생활을 했음을 짐작할 수 있습니다. '모헨조다로'는 '죽은 자의 언덕'을 의미합니다.

론 도시 중앙에는 대형 목욕탕까지 있습니다. 까마득한 옛날에 이런 도시를 건설했다니 정말 놀랍지 않나요?

인더스 강 유역에는 지금까지 100군데가 넘는 고대 도시 유적이 보고되고 있어요. 하라파는 인더스 강 상류 펀자브 지방의 수도로, 모헨조다로는 인더스 강 하류의 수도로 보면 됩니다.

그런데 오래전, 4만여 명의 사람들이 모여 살았던 모헨조다로에 이상한 일이 벌어졌습니다. 힘들게 건설한 집과 도시를 버려둔 채 모두들 어딘가로 사라져 버린 거예요. 모헨조다로라는 이름처럼 '죽은 자의 언덕'이 되고 말았습니다. 그렇게 수백 년의 세월이 흘러 거대한 성채 도시는 모래와 먼지에 뒤덮여 흔적도 없이 사라졌습니다.

후대의 고고학자들이 인더스 강 유역에서 이 도시를 찾아냈지만 그곳에 살던 사람들이 왜 사라졌는지는 정확히 알아내지 못했습니다. 다만 인구 급증과 무분별한 산림 파괴로 인해 연이은 홍수에 시달리다가 사람들이 도시를 버린 것으로 추측할 따름입니다.

문명을 일으키기까지는 오랜 시간이 필요하지만 그 문명을 파괴하는 데는 그리 오랜 시간이 걸리지 않습니다. 그러므로 문명을 화려하게 일으키는 것 못지않게 그것을 제대로 지켜 내는 일이 훨씬 더 중요하다는 것을 기억하세요.

◐ 프리스트 왕의 석상
모헨조다로의 상징물이 된 프리스트 왕의 두상입니다.
BC 2500년경.
파키스탄 국립박물관 소장

신분의 굴레에 갇힌 사람들

기원전 2000년경에 유목 민족인 아리아족의 대이동이
시작되었습니다. 그 가운데 인도로 이동한 무리는 농경
민족인 드라비다족을 정복하고 인더스 강 상류의 펀자
브 지방에 정착해 점차 세력을 확장했습니다. 이 시기를
베다 시대라고 합니다. 다시 말해 기원전 1500~기원전
1000년경에 형성된 『리그베다』는 인도에 산스크리트어

와 철기 문화를 가져온 아리아족의 침략 문화인 셈입니다. 『리
그베다』는 고대 인도의 브라만교 경전 가운데 하나로서 신에 대
한 찬가와 함께 인도 건국의 과정을 자세히 소개하고 있습니다.

인도를 정복한 아리아인들은 선주민을 굴복시키기 위해 피부
색을 기준으로 신분을 나누기 시작했습니다. 즉 자신들의 피부
가 밝고 선주민의 피부가 어두운 점을 차별의 근거로 내세운 거
예요. 이것이 바로 카스트 제도의 뿌리인 바르나입니다.

시간이 흐르면서 바르나는 네 개의 카스트로 나누어졌습니
다. 본격적인 카스트 제도가 시작된 거예요. 가장 높은 카스트는
사제가 속한 브라만이고, 그 뒤로 무사가 속한 크샤트리아, 농부
와 상인이 속한 바이샤, 노예처럼 일하는 노동자들이 속한 수드
라가 있습니다. 아리아인과의 경쟁에서 밀린 드라비다인은 수
드라 계급이 되었고, 경쟁에서 이긴 아리아인은 그 역할에 따라
브라만, 크샤트리아, 바이샤 계급으로 나누어진 것입니다.

카스트 제도는 시간이 지날수록 계층 간의 구별이 엄격해져
다른 카스트끼리 한자리에 앉아 이야기하거나 밥을 먹는 것조
차 할 수 없었습니다. 길을 걷다가 옷을 스치는 것도 꺼려 할 정

카스트 제도
인도인들은 창조의 신 브라
마의 입에서 브라만, 팔에
서 크샤트리아, 허벅지에서
바이샤, 발에서 수드라가
나왔다고 믿는다.

도였어요.

그런데 수드라보다 더 비천한 삶을 사는 사람들도 있었습니다. 어떤 카스트에도 속하지 않는 사람들이라는 뜻으로 불가촉천민(달리트, 억압받는 자)이라고 불렸는데, 마하트마 간디는 '하리 비슈누 신의 자녀'라는 뜻으로 하리잔이라고 불렀습니다. 그들은 주로 인도인들이 천시하는 일을 하며 살았기 때문에 좀처럼 가난에서 벗어나기 어려웠습니다. 신분의 굴레에 갇힌 셈이에요.

인도 전체 인구의 약 16퍼센트가 달리트 계급에 속합니다. 달리트는 주로 시체 처리, 화장실 청소, 세탁 등 더럽고 힘든 일을 담당하고 있습니다. 사람들의 눈에 뜨이기만 해도 오염된다고 생각해서 달리트들이 밤에만 활동하도록 한 지역도 있었답니다.

1947년 인도가 독립하면서 사회적 차별을 금지하는 불가촉천민법을 제정했습니다. 정부는 달리트들에게 학교에 입학하거나 취업할 때 일정한 혜택을 주고 있지만 아직도 알게 모르게 차별이 이루어지고 있어요.

기본적으로 달리트는 힌두교 사원에 들어가는 것이 금지되어 있고, 다른 계급과의 신체 접촉도 금지되어 있습니다. 심지어 달리트가 지나간 길은 오염된 것으로 간주하는 바람에 달리트 자신이 지나온

○ 공동 세탁소의
불가촉천민
뭄바이에 있는 공동 세탁소에서 세탁을 담당한 천민이 구정물을 뒤집어쓴 채 옷을 빨고 있습니다. 카스트 제도의 뿌리가 얼마나 깊은지 아직도 불가촉천민에 해당하는 사람들이 힘든 일을 도맡아 하고 있습니다.

길은 지나가면서 다시 청소해야 합니다. 이들이 우물을 사용하면 역시 오염된다고 하여 이들만 전용으로 사용하는 우물을 정해 각종 동물의 뼈로 그 주변을 에워 쌓아 표시를 해 두었습니다. 브라만이나 크샤트리아처럼 고급 카스트와 신체 접촉이 발생할 경우 총에 맞아 죽기도 했답니다.

○ 바라나시의 화장터
장작으로 시체를 태우고 뒤처리를 하는 것은 달리트의 몫입니다. 화장하는 데 필요한 최소한의 장작도 살 수 없는 달리트도 많아서 갠지스강에는 타다가 만 시체가 떠다니기도 한답니다.

그런데 수드라나 하리잔처럼 낮은 카스트에 속한 인도인들이 왜 부당한 카스트 제도를 거부하지 못한 걸까요? 그건 바로 종교 때문이랍니다. 그들은 브라마 신을 숭배하며 착한 일을 많이 하면 다음 생에서는 높은 카스트로 태어나고, 그렇지 않으면 낮은 카스트로 태어난다고 믿었거든요. 즉 자신의 현재 신분을 모두 전생 탓으로 돌린 거예요.

한편 기원전 5세기경에 브라만교가 종교 의식을 복잡하게 만들어 제사와 의식만을 중시하며 타락하자 인도의 카필라 왕국에서 태어난 고타마 싯다르타 왕자는 브라만교의 카스트 제도를 배격하고 자비와 평등을 주장하는 불교를 창시하였습니다.

불교는 수행을 통해 깨달음을 얻은 '부처'의 가르침을 실천하는 종교로서 기독교, 이슬람교와 더불어 세계 3대 종교 가운데 하나가 되었습니다. 🔔

카스트 제도의 문제점은 무엇이고, 인도인에게 어떤 영향을 끼쳤을까요?

엄격한 카스트 제도는 경제 발전은 물론 사회 통합까지 가로막습니다. 카스트 간의 배타적인 단결심이 독선주의를 부르고, 다른 계급에 대한 불신감과 차별 의식을 더욱 부채질하기 때문입니다. 애국심이나 민족적 동질감마저 기대하기 어려운 상황입니다. 이 때문에 인도인은 매우 보수적이 되었고, 인도는 무기력하고 비능률적인 사회로 정체되기 시작했습니다. 오늘날 인도의 카스트 제도는 예전만큼 엄격하지는 않지만 가장 강력한 사회 규범으로 존재하고 있습니다. 특정 계급의 이익을 대변하는, 시대에 뒤떨어진 가치관이 공룡의 화석처럼 아직도 남아 있는 것입니다. 자비와 평등을 강조하는 불교가 인도에서 등장한 것은 바로 이러한 이유 때문입니다. 신분 차별 없이 모두가 부처가 될 수 있다는 정신이야말로 불교의 중심 사상이라고 할 수 있을 거예요.

6 용틀임하는 중국 |
중국 문명

서양 문명이 이집트에서 시작되었다면 동양 문명은 중국에서 시작되었습니다. 지금으로부터 약 4,000년 전, 그러니까 기원전 2000년 경에 중국 황허 유역에서 발생한 중국 문명은 세계 4대 문명의 하나로 손꼽힐 만큼 그 역사가 오래되었답니다. 물론 서양 문명에 비해 시기적으로 약 1,000년이라는 세월의 차이가 납니다. 4대 문명의 막내인 셈이에요. 그런데도 문명의 진보 수준은 다른 문명에 비해 결코 뒤떨어지지 않았습니다. 실제로 황허 유역에 자리를 잡은 상은 중국 최초의 도시 국가로서 정교하고 세련된 청동기는 물론 갑골 문자를 만들어 사용했습니다.

- **기원전 2000년경** 기원전 1400년경에 등장한 장강 문명 이후 세계 4대 문명의 하나인 중국 문명이 황허의 중하류 지역에 들어서다.
- **기원전 1500년경** 전설상의 인물인 황제(黃帝)의 후손 탕왕이 세운 상(혹은 은)이 황허의 중하류 일대의 도시 국가를 통일하다.
- **기원전 552년경** 유교의 시조인 공자가 태어나다. 우리나라에서 유교를 적극적으로 받아들인 것은 기원후 372년경 고구려 소수림왕 때의 일이다. 당시 유교 교육 기관인 태학을 설립해 유교 이념의 확대를 도모하다.

편서풍의 선물

중국의 황허는 사시사철 누런빛을 띠고 있어요. 편서풍에 실려 북서부의 사막으로부터 날아와서 퇴적된 황토 때문이지요. 그래서 '누런 강'이라는 뜻으로 황허라고 부른 거예요. 서양 문명이 주기적인 홍수 덕분에 발전한 것이라면 동양 문명은 황토 덕분에 땅이 비옥해져 문명의 기반을 다질 수 있었습니다.

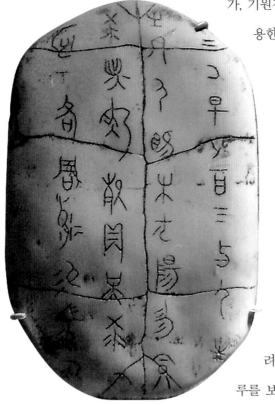

○ **갑골 문자**
상에서는 나랏일을 결정할 때 왕이 하늘에 제사를 지냈는데, 거북의 등 껍데기나 짐승의 뼈에 신의 뜻을 묻는 글을 새겨 불 위에 올려놓고 그 갈라지는 모양을 보고 점을 쳤다고 합니다. 이 글자를 가리켜 갑골 문자라고 합니다.

농사는 기원전 8000년경부터 짓기 시작했는데, 메소포타미아 일대에서 농경을 시작한 시기와 거의 비슷합니다. 당시 사람들은 남은 식량을 보관하기 위해 토기도 사용했어요. 기원전 4000년경에는 색깔 있는 토기를 사용한 양사오 문화가, 기원전 3000년경에는 검은 토기를 사용한 룽산 문화가 발달했지요.

태평성대를 뜻하는 '요순 시대'는 신석기 시대에 속했습니다. 순왕의 뒤를 이은 우왕은 나라 이름을 하(夏)로 지었는데, 이 때가 청동기 시대가 시작될 무렵인 기원전 2000년경입니다. 고종의 밀사였던 호머 헐버트가 지은 『한국사, 드라마가 되다』에 따르면, 기원전 2187년 하의 시조 우왕이 고조선에 중국 땅에 범람한 물을 다스려 줄 것을 부탁하자, 단군은 아들 부루를 보내 치수에 도움을 주었다고 합니다. 당시에는 치수 능력이 곧 국력이었으므로 고조선의 국력이 셌다고 볼 수 있습니다.

기원전 1500년경 하는 폭군으로 유명한 제17대 걸왕에 이르러 은에 의해 멸망하였어요. 흔히 상을 은으로 알고 있는데, 이는 상을 무너뜨린 주가 패전국의 수도인 은허의 이름을 따서 그렇게 불렀기 때문이라고 합니다. 한번 생각해 보세요. 우리나라를 대한민국이 아니라 서울이라고 부른다면 기분이 좋을까요?

그동안 상은 전설 속의 나라로만 알려져 있었는데, 지금으로부터 약 80년 전에 은허의 유적지가 발견되면서 이제는 역사 속의 나라가 되었답니다. 흙 속에 묻혀 있던 역사가 잠에서 깨어난 거죠.

상에서는 나랏일을 결정할 때 왕이 하늘에 제사를 지냈는데, 거북의 등 껍데기나 짐승의 뼈에 신의 뜻을 묻는 글을 새겨 불 위에 올려 놓고 그 갈라지는 모양을 보고 점을 쳤다고 합니다. 왕이 곧 점쟁이인 셈이었죠. 이 글자를 가리켜 갑골 문자라고 했습니다.

ⓞ 달기

상의 주왕은 요사한 달기에게 정신이 팔려 주지육림에 빠져 있었어요. 전설에 의하면 달기의 얼굴이 아름다운 이유는 여우에게 영혼을 팔았기 때문이라고 합니다. 미모는 물론 잔인한 성격까지 지닌 달기는 주왕을 부추겨 말을 안 듣는 백성들을 벌거벗긴 채 뜨거운 철판 위에서 뛰도록 하는 형벌을 내리기도 했답니다.

피로 얼룩진 왕의 역사

상의 마지막 왕인 주왕은 무서운 폭군이었습니다. 그는 백성을 돌보는 일에 관심이 없었고, 매일 술을 마시며 방탕한 생활을 즐겼습니다. 심지어 고기를 나무에 매달아 놓고 연못에 술을 가득 채워 뱃놀이를 즐겼을 정도라고 합니다. 주지육림(酒池肉林)이라는 말은 이렇게 만들어졌어요. 왕이 이런 사람이니 나라가 온

✿ 전국 시대의 무기

춘추 전국 시대는 한마디로 전쟁의 시대였습니다. 전쟁을 치르려면 자연히 병장기가 발달할 수밖에 없
겠죠. 특히 투구는 자신의 생명을 지켜 주는 중요한 전투 장비였습니다. 사진의 투구는 좀 무거워 보이
죠? 하지만 위험한 싸움에서 자신의 목숨을 지키려면 무거워도 사용할 수밖에 없었을 거예요.

전할 리 없겠죠? 결국 주의 침략을 받아 멸망하게 되자 상의 주왕은 스스로 목숨을 끊었습니다.

상을 멸망시킨 주는 황허 주변의 넓은 땅을 다스리기 위해 한 가지 묘안을 생각해 냅니다. 수도 부근의 땅은 왕이 직접 다스리고, 수도에서 멀리 떨어진 지방은 왕실의 친척이나 공신을 보내 다스리게 하는 것입니다. 이렇게 왕의 권력을 위임받아 지방을 대신 다스리는 사람을 제후라고 합니다. 그들은 지방을 통치하면서 백성들에게 세금을 걷어 왕에게 바치는 한편, 왕의 요청에 따라 군대를 파견하기도 했습니다. 이를 봉건제라고 합니다.

기원전 771년 주에 견융이 침입해 유왕을 살해했습니다. 제후에 의해 옹립된 평왕은 서둘러 호경(지금의 시안)에서 낙읍(지금의 뤄양)으로 도읍을 옮겼습니다. 이를 기준으로 이전을 서주, 이후를 동주라고 합니다. 도읍을 이전한 후부터 제후들은 권력을 잡기 위해 치열하게 전쟁을 벌였습니다. 더 이상 왕을 두려워하지 않았기 때문입니다. 진이 중국을 통일할 때까지 약 550년간 중국에는 정치적인 혼란기가 닥쳤어요. 이를 춘추 전국 시대라고 합니다.

춘추 전국 시대에 꽃핀 제자백가 사상

춘추 전국 시대에는 제후들이 다른 나라와의 경쟁에서 이기기 위해 널리 인재를 구했기 때문에 수많은 사상가와 학파가 나타났어요. 이를 제자백가라고 하지요. 유가의 공자와 맹자는 도덕과 예절을 강조했고, 묵가의 묵자는 지배층에게만 이로운 전쟁은 그만두고 모든 사람을 차별 없이 사랑해야 한다고 주장했으

견융
산시 지역에 거주했던 부족으로 흉노의 조상으로 보기도 한다. 주의 유왕을 살해할 정도로 맹위를 떨치다가 진(秦)의 토벌을 받고 그 지배하에 들어갔다.

○ 맹자
공자의 사상을 이어받아 발전시킨 전국 시대의 유학자입니다. 공자가 죽은 지 100년쯤 뒤에 태어났습니다. 맹자의 어머니는 자식 교육을 위해 세 번이나 이사를 다녔는데, 이를 일컬어 '맹모삼천지교'라고 합니다.

며, 법가의 상앙 · 한비자 · 이사는 부강한 나라가 되려면 법을 정해 엄격하게 다스려야 한다고 주장했고, 도가의 노자와 장자는 가만히 두어도 질서가 잡혀 있는 자연처럼 인간 세상도 자연 상태로 맡겨 두는 것이 가장 좋다고 생각했어요.

부국강병을 위해 법을 지켜야 한다고 주장한 상앙은 강력한 개혁을 추진했어요. 그는 백성들이 법을 잘 지키게 하려고 다섯 가구씩 묶어 서로 감시하게 했습니다. 농사를 잘 지어 수확을 많이 올린 자와 전쟁에서 공을 세운 자에게는 큰 상을 내리고, 게으른 자나 전쟁에서 도망가는 자는 엄벌에 처했어요. 그러자 백성들은 열심히 농사를 짓고 전쟁터에서 공을 세우려고 열심히 싸웠지요. 이렇게 해서 진은 점점 강한 나라가 됐습니다.

인도에서 싯다르타가 자비를 가르칠 때, 중국에서는 공자가 인(仁)을 가르쳤습니다. 공자는 유교의 시조로 숭앙을 받는 중국의 사상가로서 혼란한 전국 시대를 거치면서 전쟁을 피하는 방법을 제후들에게 충고했으나 제후들은 그의 말을 받아들이지 않았습니다. 결국 그는 관리가 되기를 포기하고 선생님이 되었답니다.

공자의 가르침은 중국인에게 종교와도 같은 역할을 했습니다. 실제로 "네 부모를 공경하라."라는 공자의 가르침은 십계명과 조금도 다를 바가 없었거든요. 물론 그리스도가 "남에게 대접받고자 하는 대로 너희도 남을 대접하라."라고 가르칠 때, "네가 하기 싫은 일은 남에게도 시키지 말라."라고 가르쳤지만, 그렇다고 완전히 다르다고 말하긴 어렵습니다. 🍂

주의 봉건제가 안고 있는 문제점은 무엇일까요?

봉건(封建)이란 '토지를 주어서[封] 나라를 세운다[建]'는 뜻을 지닌 말로서, 군주가 전국을 직접 다스리는 중앙 집권제나 군현제와 반대되는 말입니다.

주의 봉건제는 왕과 제후의 관계가 혈연관계에 기초한 것으로서 계약 관계에 기초한 유럽의 봉건제와 조금 다릅니다. 다시 말해 왕과 제후의 관계가 큰집과 작은집의 관계라고나 할까요? 무려 700년 동안이나 봉건제가 유지될 수 있었던 이유는 바로 그 때문입니다. 아마 왕의 입장에서는 제후들이 반란을 일으키지 못하도록 가족 관계를 맺고, 유교사상을 앞세워 가족의 윤리를 강조하는 수밖에 없었을 거예요. 하지만 백성들은 자신들이 제후의 재산, 즉 왕이 제후에게 내려 준 땅이나 다를 바 없는 존재로서 수탈의 대상이 된다는 점에서 불만이 없지 않았을 거예요. 사실 봉건제는 백성을 위한제도가 아니라 황제를 위한 제도였으니까 당연한 일이겠죠.

7 이집트인이 남긴 수수께끼 |
이집트의 문자

석기 시대 사람들은 굳이 문자가 필요하지 않았습니다. 동굴 벽에 그림을 그리는 것이 전부였어요. 그러니까 일기도 쓰지 않고, 편지도 쓰지 않았습니다. 하지만 시간이 흘러 수메르인은 물건을 사고팔았다는 기록을 남기기 위한 경제적인 목적으로, 이집트인은 지배층을 피지배층과 구분하기 위한 정치적인 목적으로 문자의 필요성을 깨달았습니다. 고대 이집트인이 사용한 문자는 오늘날 우리가 사용하는 한글이나 영어와 같은 형태가 아니라 사자나 창, 새, 채찍과 같은 그림에 가까웠습니다. 이를 상형 문자라고 합니다. 상형 문자는 지금으로부터 약 5,000년 전에 사용된 문자이기 때문에 마치 수수께끼와 비슷합니다.

- **기원전 3000년경** 기념비적인 건물의 석벽이나 비문에 문자를 새겨 넣다. 이를 신성 문자 또는 성각 문자(聖刻文字)라 한다.
- **기원전 2900년경** 파피루스 위에 갈대 펜과 잉크로 기록을 남기다. 이를 신관 문자 또는 승용 문자(僧用文字)라 한다.
- **기원전 800년경** 문자의 형태가 구체적인 그림에서 추상적인 기호로 바뀌면서 빠르게 쓸 수 있게 되다. 이를 민중 문자 또는 민용 문자(民用文字)라 한다.

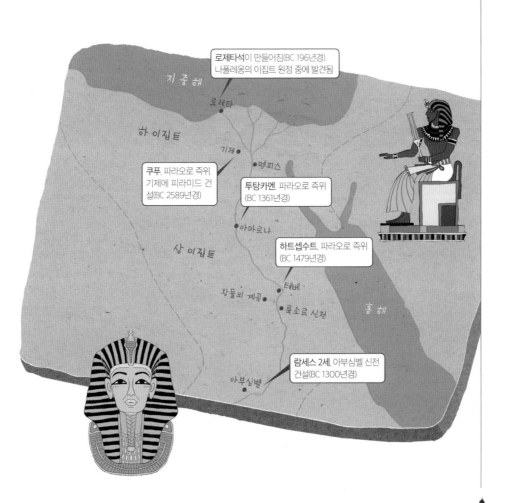

로제타석이 만들어짐(BC 196년경). 나폴레옹의 이집트 원정 중에 발견됨

지중해

로제타

하 이집트

기제

멤피스

쿠푸, 파라오로 즉위. 기제에 피라미드 건설(BC 2589년경)

투탕카멘, 파라오로 즉위 (BC 1361년경)

아마르나

상 이집트

하트셉수트, 파라오로 즉위 (BC 1479년경)

왕들의 계곡

테베

룩소르 신전

홍해

람세스 2세, 아부심벨 신전 건설(BC 1300년경)

아부심벨

수수께끼를 푼 사람들

오른쪽 문자는 우리가 잘 알고 있는 이집트 여왕의 이름을 상형 문자로 쓴 거예요. 세상에서 가장 아름다운 여인으로 유명한 인물인데 누구일까요? 그리고 저 테두리는 왜 그린 걸까요? 모든 것이 수수께끼 같죠. 저 테두리는 이집트 왕이나 여왕의 이름을 쓸 때 그려 넣는 거래요. 중요한 사람이라는 뜻으로 눈에 띄게 표시한 거죠. 수업 시간에 선생님이 중요한 단어에 밑줄을 긋는 것과 같은 이치랍니다. 바로 클레오파트라 여왕의 이름이거든요.

○ 클레오파트라 여왕의 이름을 뜻하는 상형 문자

고대 이집트인들은 주위에서 쉽게 구할 수 있는 파피루스라는 식물의 잎사귀에 갈대 끝을 잘라서 물과 그을음을 섞어 글을 썼습니다. 파피루스가 종이인 셈이죠. 종이처럼 부드럽기 때문에 두루마리를 말듯이 둘둘 말아서 사용하기도 편리했답니다. 원래 종이를 뜻하는 '페이퍼(paper)'는 '파피루스(papyrus)'에서 유래한 말이에요. '페이퍼'와 '파피루스'의 글자 모양이나 소리가 비슷하지 않나요?

사후 세계를 굳게 믿었던 고대 이집트인들은 죽은 사람이 무

○ 상형 문자

이집트인들이 사용한 상형 문자는 사람의 몸을 비롯해 새와 짐승, 물고기 등 자연계의 사물을 그대로 그린 것들이 대부분입니다. 그중에는 뜻글자도 있지만 소리글자도 있습니다.
대영박물관 소장

사히 천국으로 갈 수 있기를 기원했습니다. 그 기원을 담은 기도문이나 주문을 파피루스에 상형 문자로 기록해서 미라와 함께 무덤 속에 넣었어요. 이것을 '사자의 서'라고 하는데, 고대 이집트의 내세관을 알려 주는 귀중한 자료입니다.

고왕국 시대에는 왕은 내세에도 최고의 신이 된다고 믿었기 때문에 피라미드의 현실(玄室)과 벽에 주문과 부적을 새겨 넣었습니다. 이것을 '피라미드 텍스트'라고 합니다. 신왕국 시대에는 주문에 의지해 내세의 행복한 생활을 얻으려 했으나, 현세에서 선행을 쌓지 않으면 내세에 갈 수 없다는 사상 때문에 죽은 사람이 선행을 쌓았다는 사실을 기록한 파피루스를 관에 넣었습니다.

오벨리스크라는 뾰족한 기념비에 상형 문자를 새겨 넣기도 했습니다. 흔히 왕의 전승을 기념하거나 위업을 과시하는 상형 문자와 그림이 새겨져 있지요. 하늘을 향해 뾰족하게 솟은 것은 태양 숭배와 관련이 있다고 합니다. 오벨리스크 중에서는 파리의 콩코르드 광장에 있는 룩소르 신전의 오벨리스크가 가장 유명합니다.

문제는 이 같은 오벨리스크가 고대 사회의 문화재 약탈에 관한 대표적인 흔적이라는 점이에요. 대부분이 열강 제국에 의해 약탈 당해 이집트보다 다른 나라에 더 많을 정도이니까요. 오벨리스크의 이동은 19세기에도 이어져 프랑스 파리에 있는 콩코르드 광장의 오벨리스크를 포함

◐ 룩소르 신전의 오벨리스크
이집트에서 파리의 콩코르드 광장으로 옮겨 온 높이 22미터의 오벨리스크입니다. 1833년 이집트 총독 무하마드 알리가 프랑스 왕 루이 필리프에게 기증한 것으로 알려져 있습니다.

○ 사자의 서

고대 이집트인들은 미라와 함께 신관 문자로 기도문을 적은 파피루스를 무덤 속에 넣었어요.

❶ 죽은 사람이 재칼의 머리를 한 아누비스 신을 따라 진리의 전당으로 가고 있습니다.

❷ 진실의 저울에서 죽은 사람의 심장 무게를 달고 있군요. 만약 그가 살아 있을 때 나쁜 일을 많이 했다면 심장 쪽이 아래로 내려가서 옆에 있는 괴물이 먹어 치우게 되죠.

❸ 죽은 사람이 살아 있을 때 착한 일을 많이 했다면 다음 단계인 오시리스 신을 만나게 되고, 판결에 따라 좋은 곳으로 가게 됩니다.

해 '클레오파트라의 바늘' 이라고 일컬어지는 두 개의 오벨리스크가 미국 뉴욕의 센트럴 파크와 영국 런던의 템스 강변으로 옮겨졌어요. 강대국들은 운반 과정에 소요되는 막대한 비용과 기술의 힘을 과시하며 기증이라는 명목 등으로 빼앗아 갔던 거예요. 슬픈 약탈의 역사지요. 어쨌든 '클레오파트라의 바늘'은 문화재 약탈의 대명사로 널리 알려지게 됐어요. 자, 이 정도면 이집트 전체가 한 권의 책이라는 생각이 들지 않나요?

그러나 세월이 흘러 상형 문자는 수수께끼가 되고 말았습니다. 뜻을 아는 사람이 아무도 없었거든요. 19세기에 이르러서야 상형 문자를 해독하는 법을 겨우 알아냈습니다. 수수께끼를 푼 거죠. 이집트를 원정 중이던 나폴레옹의 프랑스군이 나일 강 서쪽의 로제타 마을에서 발굴 작업을 하다가 상형 문자를 해독할 수 있는 문자 비석을 발견했기 때문이에요. 이를 로제타석이라고 합니다. 로제타석의 맨 위에는 상형 문자가 새겨져 있고, 그 아래에는 똑같은 내용을 민중 문자와 그리스 문자로 새겨 두었기 때문에 그리스 문자를 보고 상형 문자를 해독할 수 있었습니다. 고대 이집트에 누가 살았고, 어떤 일이 일어났는지 알아낼 수 있는 '열쇠'가 생긴 거죠.

○ 로제타석

1799년 나폴레옹의 원정대가 로제타 강어귀에서 세 가지 종
류의 문자가 새겨진 비석을 발견했습니다. 이를 로제타석이
라고 합니다. 맨 위에는 상형 문자가 새겨져 있고, 맨 아래에
는 그리스 문자가 새겨져 있어 상형 문자를 해독할 수 있었
습니다. 비석에는 프톨레마이오스 5세가 사제들에게 베푼
큰 은혜를 찬양한다는 내용이 새겨져 있습니다.

BC 196년. 대영박물관 소장

태양신의 아들 파라오

○ 투탕카멘
'왕들의 계곡'에서 발굴된 투
탕카멘의 황금 가면입니다.
투탕카멘의 무덤은 도굴을
당하지 않은 채 온전하게 발
굴됐기 때문에 수많은 부장
품들이 나왔습니다.
이집트 국립박물관 소장

이집트는 파라오라는 왕이 다스렸습니다. 기원전 3200년부터 기원전 343년까지 무려 3,000년 동안 26왕조가 이집트를 다스렸으나 알렉산드로스 대왕에 의해 막을 내리게 되었습니다. 26왕조는 고왕국, 중왕국, 신왕국으로 나뉘는데, 멤피스에 수도를 두었던 고왕국 시대는 기원전 3200년~기원전 2100년(제1왕조~제10왕조), 테베에 수도를 두었던 중왕국 시대는 기원전 2100년~기원전 1550년(제11왕조~제17왕조), 신왕국 시대는 기원전 1550년~기원전 343년(제18왕조~제26왕조)에 존재했습니다.

수많은 파라오 가운데 최초의 이집트 왕으로 알려진 메네스(제1왕조 창시자)와 기제에 피라미드를 세운 쿠푸(제4왕조 2대 파라오), 정복왕으로 이름을 떨친 람세스 2세(제19왕조 3대 파라오), '왕들의 계곡'에 있는 왕묘가 발굴되면서 유명해진 투탕카멘(제18왕조 12대 파라오) 등은 여러분도 잘 알고 있을 거예요.

투탕카멘은 9세에 파라오가 되어서 18세에 요절했습니다. 그는 이미 출산 경험이 있는 누나와 결혼합니다. 투탕카멘이 요절했기 때문에 그의 치세에 대해 정확한 기록은 없지만 몇 차례의 해외 원정에 관한 기록은 남아 있습니다. 투탕카멘의 무덤에는 파라오가 사막에서 사자를 사냥하는 모습과 시리아의 적들을 화살로 공격하는 모습이 담겨 있어요. 투탕카멘의 무덤은 도굴을 당하지 않은 채 온전하게 발굴됐기 때문에 수많은 부장품들이 나왔습니다. 그런데 그의 무덤 발굴과 관련된 사람들이 잇

달아 의문의 죽음을 당하자 사람들은 이를 '투탕카멘의 저주'라고 불렀습니다. 파라오의 관에는 보통 '사자의 안녕을 방해하는 자에게 저주가 있으라!'라는 문구가 쓰여 있지만, 투탕카멘의 관에는 이와는 정반대로 '왕의 이름을 알리는 자에게 복이 있으라!'라는 말이 쓰여 있습니다. 투탕카멘은 오히려 자신의 무덤이 후손들에 의해 영광스럽게 개봉되기를 원했던 것 같습니다. 혹시 발굴을 담당한 고고학자가 자금을 지원한 언론사에 정보를 독점적으로 제공하자, 앙심을 품은 다른 언론사들이 자연사를 의문사로 과대 포장하지는 않았을까요?

고대 이집트에는 여자 파라오도 있었는데, 가장 성공적인 파라오 중의 한 명으로 추앙을 받는 하트셉수트는 제18왕조의 다섯 번째 파라오였습니다. 어쩌면 하트셉수트는 '가장 고귀한 숙녀'라는 이름의 뜻처럼 클레오파트라보다 더 매력적인 여인이었는지도 모릅니다. 이집트 여왕 중 가장 오랜 기간 동안 통치했거든요.

● 하트셉수트 여왕의 신전
루소르에 있는 왕들의 계곡 산등성이 너머에는 파라오 칭호가 붙은 유일한 여성인 하트셉수트의 장례 신전이 있습니다. 깎아지른 절벽 아래에 3층의 거대한 테라스가 있는데, 아름다운 조각으로 장식되어 있습니다.

○ 이집트 사제

이집트 최고 계급은 사제였습니다. 이집트 사제는
오늘날의 법처럼 이집트인이라면 누구나 지켜야
할 종교와 규율을 만드는 사람이었습니다. 사제는
의사, 법률가, 기술자 노릇까지 해야 했습니다. 그들
은 최고 교육을 받아 글을 읽고 쓸 줄 아는 유일한
계급이었습니다. 오른쪽의 사제는 배가 약간 나오
고 살이 통통하게 찐 것으로 봐서 여유 있는 생활을
한 것 같습니다. 여사제의 관은 손을 포개고 있는
모습이 인상적이군요. 바람과 공기의 신인 아몬 신
의 모습을 닮고 싶었나 봐요.

루브르 박물관 소장

엄격한 계급 사회였던 이집트에서 최고 계급은 사제가 차지했습니다. 그들은 종교인이자 법률가이며 의사이고 기술자였습니다. 또한 최고 교육을 받은 엘리트로서 글을 읽고 쓸 줄 아는 유일한 계급이었습니다. 사실 상형 문자를 읽고 쓰는 법을 배우기란 여간 어려운 일이 아니었거든요. 사제 다음으로 높은 계급은 군인이고, 군인 밑에는 농부와 양치기, 상인, 공인 같은 하층 계급이 있었으며, 제일 낮은 계급은 돼지를 기르는 사람이었습니다.

⚫ 오시리스
고대 이집트 신화에 등장하는 오시리스 신은 풍요를 상징하며 죽은 사람을 다시 깨운다고 알려져 있습니다. 파라오는 오시리스의 화신으로 받들어졌습니다.

이집트인은 여러 신을 섬겼는데, 농업의 신이나 죽음의 신처럼 하는 일이 모두 달랐습니다. 특히 태양신 '라'를 숭배했고, 파라오는 '라'의 아들이라고 생각했죠. 신들 중에는 나쁜 신도 있고 좋은 신도 있는데, 특히 농업을 관장하는 오시리스 신의 인기가 높았습니다. 농업의 비중이 그만큼 컸기 때문일 거예요. 그의 아내 이시스는 여자들에게 옥수수를 재배하는 방법과 옷감을 짜는 방법을 가르쳐 주었답니다. 정말 잘 어울리는 부부 아닌가요? 오시리스 신의 아들 호루스는 매의 머리 모양을 하고 있어요. 이처럼 이집트 신들 중에는 몸은 사람이지만 머리는 동물 모양을 하고 있는 신이 많습니다.

이집트에서는 문자를 어떤 목적으로 사용했나요?

이집트에서는 성각 문자가 가장 먼저 등장했고, 뒤를 이어 신관 문자와 민중 문자가 등장했습니다. 성각 문자는 종교적 또는 정치적인 목적으로 기념비적인 건물의 석벽이나 비문에 새겨졌으며, 오직 지배 계층만이 그 뜻을 알 수 있었습니다. 지식과 권력을 독점하려는 지배 계층은 성각 문자가 일반 민중에게 경외의 대상이 되기를 바랐으며, 쉽게 해독되는 것조차 용납하지 않았습니다. 의도적으로 틀리게 새긴 글자도 있었을 정도니까요. 후대에 등장한 신관 문자와 민중 문자는 성각 문자와 달리 실용적인 목적으로 발전했습니다. 획수도 점점 줄어들었고 빠르게 흘려 쓸 수 있는 필기체 형식으로 바뀌었습니다. 구상에서 추상으로, 그림에서 기호로 문자가 진화한 거예요.

8 인간이 만든 산, 피라미드 |
이집트의 종교

이집트인들은 비록 육체는 죽더라도 영혼은 죽지 않는다고 믿었습니다. 죽음 역시 또 다른 삶의 시작이라고 생각했던 거죠. 그래서 죽은 자가 다시 살아날 때를 대비해 영혼이 머물던 육체를 훼손해서는 안 된다고 믿었습니다. 영혼이 떠나 버린 육체를 온전하게 보존할 목적으로 그들이 선택한 것은 미라였습니다. 미라는 돌무덤 아래에 보관했는데, 왕족의 경우 백성들보다 훨씬 높게 돌을 쌓아 올렸습니다. 어떤 왕은 살아 있을 때부터 돌을 쌓도록 했는데, 나중에는 그 높이가 언덕만큼이나 높아졌습니다. 무덤이 아니라 놀라운 건축물이 된 거죠.

- **기원전 2900년경** 메네스가 이집트 제1왕조의 파라오로서 상·하 이집트를 통일하다.
- **기원전 2600년경** 이집트 제4왕조의 두 번째 왕 쿠푸가 피라미드를 세우다. 기제에 있는 피라미드들 가운데 가장 크고 세련되어 '대피라미드'라고 불린다.
- **기원전 2000년경** 종이가 발명되기 이전에 고대 이집트에서 종이와 비슷한 용도로 파피루스를 사용하다.

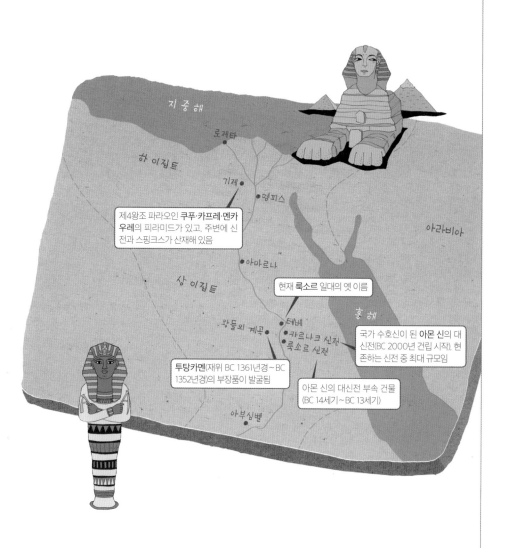

제4왕조 파라오인 **쿠푸·카프레·멘카우레**의 피라미드가 있고, 주변에 신전과 스핑크스가 산재해 있음

현재 **룩소르** 일대의 옛 이름

국가 수호신이 된 **아몬 신**의 대신전(BC 2000년 건립 시작). 현존하는 신전 중 최대 규모임

투탕카멘(재위 BC 1361년경~BC 1352년경)의 부장품이 발굴됨

아몬 신의 대신전 부속 건물 (BC 14세기~BC 13세기)

미라의 왕국

이집트인들은 현세의 삶이 끝나면 내세의 삶이 시작된다고 믿었습니다. 그래서 죽은 사람 곁에 그 사람이 생전에 사용하던 물건을 함께 묻었습니다. 하지만 더 중요한 것은 심판의 날이 올 때까지 시신을 썩지 않게 보관하는 방법이었습니다. 그래서 미라를 만들었습니다.

미라를 만드는 과정은 두 달이나 걸릴 만큼 복잡합니다. 우선 시체가 썩지 않도록 향유와 몰약으로 방부 처리를 하고, 장기를 모두 꺼내 카노푸스 단지에 보관했습니다. 장기를 꺼낸 몸에 처음에는 소금과 모래를 채웠지만 나중에는 탄산나트륨을 채워 송진을 바른 천으로 친친 감았습니다.

현재 대부분의 미라는 도굴꾼들이 훔쳐 간 상태이고, 일부만 남아 박물관에 보관되어 있습니다. 혹시라도 박물관에서 미라를 볼 기회가 생긴다면 아마 깜짝 놀라게 될 거예요. 바짝 마른 형체만 남아 있을 테니까요. 하지만 수천 년이 지난 지금까지도 시신이 썩지 않았다니 정말 놀랍지 않나요?

카노푸스 단지
내장을 담는 단지는 내장의 수호신인 호루스의 네 아들의 모습으로 뚜껑을 만들었다. 인간의 모습을 한 것은 간, 비비는 폐, 재칼은 위, 매는 장을 뜻한다.

○ 미라
고대 이집트에서는 죽은 사람의 몸에 영혼이 깃들어 있다고 믿었기 때문에 시체를 썩지 않게 보존하기 위해 미라를 만들었습니다. 우리나라의 파평 윤씨 미라처럼 공기가 통하지 않아서 만들어지는 자연적인 미라와 다릅니다.

이렇듯 과정이 복잡하고 시간이 많이 걸리기 때문에 모든 이집트인들이 미라가 될 수는 없었습니다. 처음에는 왕이나 귀족들만 미라가 되었어요. 물론 좀 더 시간이 흐른 뒤에는 일반 백성들도 미라의 풍습을 따르게 되었답니다. 사실 이집트에서는 풍뎅이와 매까지도 미라로 만들곤 했습니다.

왕의 무덤

이집트에서는 사람이 죽으면 가족이나 친지들이 시체 위에 돌을 올려놓았습니다. 시체를 단단히 덮어서 짐승들이 시체를 훼손하지 못하도록 하기 위해서였죠. 그런데 왕이나 부자들은 욕심이 많아서 평범한 사람들과 달리 돌을 더 높이 쌓아 올리고 싶어 했습니다. 심지어 아버지보다 더 큰 무덤을 만들기 위해 죽기 전부터 무덤을 쌓아 올린 왕도 있었답니다. 바위산이라고 불러도 좋을 만큼 큰 무덤이 만들어진 거예요. 이 거대한 돌무덤을 피라미드라고 합니다.

그러다 보니까 왕들은 살아 있는 동안 살 집보다 죽은 뒤에 묻힐 집을 짓는 데 관심이 더 많았습니다. 현세보다 내세를 더 중

❂ 기제의 피라미드
기원전 2589년경에 세워진 쿠푸 왕의 대피라미드(맨 오른쪽) 바로 옆에는 아들과 손자 파라오의 피라미드가 있습니다. 파라오 3대의 피라미드가 한곳에 있는 거예요. 대피라미드는 세계 7대 불가사의 중 현재까지 유일하게 남아 있는 것입니다.

요하게 생각했던 모양이에요. 그래서 이집트의 유물을 살펴보면 왕이 살았던 궁전보다 왕의 무덤인 피라미드가 더 웅장하답니다. 지금도 기원전 3000년경에 만들어진 피라미드가 나일 강 강둑을 따라 수없이 늘어서 있습니다.

그런데 어떻게 그 옛날에 그런 엄청난 구조물을 세울 수 있었을까요? 피라미드에 사용된 돌의 무게가 약 2톤 정도임을 감안할 때, 참으로 불가사의한 일이라고 할 수밖에 없습니다. 어떻게 그 무거운 돌을 쌓아 올릴 수 있었는지 추측만 무성한 가운데, 천문학을 비롯해 수학과 기하학, 토목 공학 등을 이용해 오직 사람의 힘만으로 쌓은 것이라고 합니다. 그래서 피라미드 한 기를 세우는 데 그렇게 많은 사람과 오랜 시간이 필요했나 봅니다.

실제로 꼬박 20년 동안 약 10만 명의 인부가 동원됐습니다. 돌덩이 하나가 작은 집채만 한 크기이다 보니 오죽했을까요? 일전에 피라미드 꼭대기에 올라가 본 적이 있었는데, 마치 가파른

❂ 대스핑크스

피라미드처럼 돌을 쌓아 만든 것이 아니라 원래 있던 석회암 바위산을 통째로 조각한 것입니다. 전체 길이가 60미터이고, 높이는 20미터나 됩니다. 보통 대스핑크스는 카프레왕의 피라미드 앞에 있기 때문에 카프레 왕때인 기원전 2550년경에 만들어진 것으로 알려져 있습니다. 하지만 카프레 왕 피라미드와 스핑크스는 제작법도 다르고 석재도 달라 논란의 여지가 있습니다.

바위투성이 산을 오르는 기분이었습니다. 미라가 안치된 방에도 들어가 볼 기회가 있었는데 그곳에는 아무것도 없었습니다. 도굴을 피하기 위해 다른 곳에 묻었는지, 아니면 이미 도굴당한 뒤인지 알 수가 없다고 합니다. 이 또한 수수께끼인 셈입니다.

이집트의 마스코트

쿠푸 왕의 피라미드는 머리만 사람이고 몸통은 사자인 스핑크스가 지키고 있습니다. 스핑크스는 큰 바위 하나를 통째로 조각해서 만든 거라 작은 교회만 한 크기입니다. 원래부터 그 자리에 있던 바위라서 다른 데서 옮겨올 필요도 없었답니다. 지금 이집트에 가면 스핑크스의 발과 몸통은 볼 수 없는데, 그건 끊임없이 부는 모래바람 때문이라고 합니다. 사진에서도 확인할 수 있지만 현재 스핑크스의 코는 대부분 깨져 있는 상태입니다. 나폴레옹이 대포를 쏘아서 그렇게 만들었다는 이야기도 전하지만 그보다는 이슬람교의 우상 숭배 금지 때문에 그렇게 되었다는 이야기가 더 사실에 가깝습니다.

　스핑크스 외에도 이집트인들은 손을 가지런히 모

○ **카르나크 신전에 있는 람세스 2세의 거상**
람세스 2세를 나타낸 거대한 석상입니다. 거상 앞에 있는 여인은 그의 딸입니다.

⊙ 카르나크 신전의 대열주실

높이 23미터의 석주 134개가 늘어선 카르나크 신전의 대열주실은 보는 사람을 압도할 정도로 웅장합니다.

은 채 앉아 있거나 서 있는 거대한 남녀 상을 조각하기도 했습니다. 높이가 20미터에 달할 정도로 엄청난 크기랍니다. 사람의 조각상이 그 정도라면, 신전은 얼마나 크게 지었을지 상상할 수 있겠죠? 실례로 아스완의 아부심벨 신전이나 룩소르의 카르나크 신전은 그 크기가 엄청나게 큽니다.

국가 수호신이 된 아몬 신의 대신전인 카르나크 신전은 아몬 대신전의 부속 건물인 룩소르 신전에서 북쪽으로 3킬로미터 지점에 있는데, 현존하는 신전 가운데 최대 규모를 자랑합니다. 기원전 2000년부터 건립되기 시작했지만 역대 왕에 의해 증개축이 되풀이되었어요. 신전은 상당히 오랫동안 모래에 파묻혀 있었지만, 모래 위로 드러나 있는 부분은 도굴꾼들의 좋은 먹잇감이었어요. 사태의 심각성을 깨달은 이집트 고고국은 카르나크 담당 부서를 설치해 신전 보수와 발굴에 혼신의 힘을 다했습니다.

그러나 아무리 노력해도 신전은 저절로 무너져 가고 있었어요. 신전 지하에 큰 수맥이 흐르고 있었던 거예요. 수맥 문제와 엄청난 넓이 때문에 카르나크 신전은 전체의 10퍼센트밖에 발굴되지 않은 상태라고 합니다. 카르나크 신전은 현재 발굴된 것만 하더라도 규모가 어마어마한데, 전체 모습을 드러낸다면 정말 장관일 거예요. 🐪

이집트인은 왜 피라미드를 세웠을까요?

인류 사회는 모든 사람이 평등한 원시 공동체로부터 출발했습니다. 하지만 늘 평화롭지만은 않았습니다. 싸움이 빈번하게 일어났고, 싸움의 승패에 따라 강자와 약자가 나뉘었습니다. 집단의 규모가 커질수록 지배-피지배 관계도 뚜렷해졌습니다. 고인돌과 마찬가지로 피라미드의 존재는 지배-피지배 관계가 존재하는 계급 사회로 넘어갔다는 것을 보여 주는 상징물입니다. 고인돌과 피라미드의 크기와 모양이 모두 다른 이유는 그 무덤의 주인이 가진 권력과 비례했기 때문으로 볼 수 있습니다. 즉 권력이 크면 클수록 고인돌과 피라미드도 컸던 거예요. 피라미드 한 기를 쌓는 데 길게는 20년 정도 걸렸으며, 약 10만 명 정도가 동원되었다고 하니 그 규모를 알 수 있겠죠. 그래서 피라미드는 결코 단순한 무덤이라고 할 수 없습니다. 더욱이 대부분의 피라미드에서 왕의 유체를 찾아볼 수 없기 때문에 왕의 죽음을 기념하는 건축물로 볼 수도 있습니다.

9 에덴 동산의 도시 |
바빌로니아 왕국

여러분은 초콜릿과 케이크로 지어진 집, 사탕과 아이스크림이 열리는 나무, 우유와 꿀이 흐르는 강의 이야기를 들어 본 적이 있나요? 마치 동화책에나 나올 법한 이런 낙원이 고대 바빌로니아에 실제로 존재했다고 합니다. 다시 말해 성경에 전하는 에덴 동산이 유프라테스 강과 티그리스 강 유역에 있었다는 거예요. 우리들의 상식으로는 그만큼 살기 좋은 곳이란 뜻이겠지만 누가 압니까? 정말로 우유와 꿀이 흐르는 강이 있었는지. 왜냐하면 바빌로니아는 노아의 방주 이야기와 바벨탑 이야기가 전해지는 환상의 나라거든요.

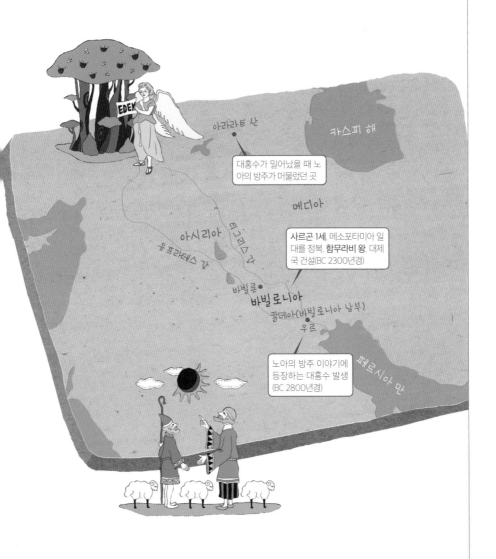

- **기원전 2800년경** 우르에서 대홍수가 일어나다. 터키 인근의 아라라트 산 정상에서 노아의 방주로 보이는 배의 잔해를 발견하다.
- **기원전 2300년경** 아카드 왕조의 시조 사르곤 1세가 메소포타미아에 최초의 통일 국가를 건설하다.
- **기원전 1790년경** 함무라비 왕이 바빌로니아 제1왕조의 여섯 번째 왕이 되다. 기원전 1750년경에는 함무라비 법전을 편찬하다.

대홍수가 일어났을 때 노아의 방주가 머물렀던 곳

사르곤 1세, 메소포타미아 일대를 정복. 함무라비 왕, 대제국 건설(BC 2300년경)

노아의 방주 이야기에 등장하는 대홍수 발생 (BC 2800년경)

아라라트 산

카스피 해

메디아

아시리아

티그리스 강

유프라테스 강

바빌론

바빌로니아

칼데아(바빌로니아 남부)

우르

페르시아 만

전설의 도시

에덴 동산이 어디에 있었는지 아는 사람은 아무도 없습니다. 단지 바빌로니아 어딘가에 있었던 것으로 알려져 있을 뿐입니다. 사실 정확한 위치가 중요한 것은 아닙니다. 그러한 역사적인 현장이 바빌로니아에 있었다는 것이 그저 놀라울 뿐입니다. 어디 그뿐입니까? 바빌로니아에서는 노아의 방주가 발견되기도 했습니다. 지도에서 보면 페르시아 만의 움푹 들어간 곳에 있는 칼데아에서 북쪽으로 떨어져 있는 아라라트 산이 바로 방주가 발견된 곳이라고 합니다.

바빌로니아를 이야기할 때, 바벨탑을 빼놓을 수 없습니다. 바벨탑은 단순한 탑이 아니었거든요. 성경에 따르면 바빌로니아인들은 꼭대기가 하늘에 닿는 탑을 쌓음으로써 이름을 떨치려고 했습니다. 그러자 하나님이 그들의 언어를 혼란시켜 더 이상 서로의 말을 알아듣지 못하게 해 그 일을 더 이상 진행할 수 없도록 가로막았습니다. 오늘날 여러 나라 사람들의 언어가 다른 것은 바로 그 때문이랍니다.

바빌로니아 지역에는 돌이 귀해 햇볕에 말린 진흙 벽돌을 사용해 탑을 쌓았는데, 모두 8,500만 개의 벽돌이 사용되었으며 높이가 무려 100미터에 이르는 것으로 알려져 있습니다. 하지만 페르시아의 침공으로 파괴되었으며 점차 세월이 흐르면서

❂ 아라라트 산
터키, 이란, 아르메니아의 접경 지대에 있는 해발 5,165미터의 높은 산입니다. 대홍수가 일어났을 때 노아의 방주가 멈춘 곳이라는 전설로 유명하지요.

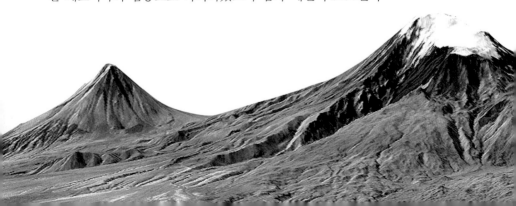

○ 바벨탑

대홍수가 휩쓸고 지나간 후 노아의 후손들은 다시 바빌로니아 땅에 정착하기 시작했습니다. 이곳에서 사람들은 도시를 건설하고 꼭대기가 '하늘에 닿게' 탑을 세우기로 했습니다. 홍수와 같은 하나님의 심판을 피하기 위해서였지요. 이를 괘씸하게 여긴 하나님은 탑을 건축하는 사람들의 마음과 언어를 혼동시켜 멀리 흩어지게 함으로써 탑 건축이 중단되게 했습니다.

흔적도 없이 사라지고 지금은 진흙 언덕만 남아 있습니다.

사실 바빌로니아에는 바벨탑과 비슷한 탑들이 많습니다. 홍수가 날 때를 대비해서 높은 곳으로 피신하려고 탑을 쌓았다고 주장하는 사람도 있습니다.

또 멀리 북쪽의 산악 지대에서 살다가 평원인 바빌로니아로 내려온 사람들이 제사를 지내기 위해 산처럼 높이 탑을 쌓았다는 주장도 있습니다. 이 탑들은 안쪽에 계단을 만드는 대신에 바깥쪽에 나선형으로 탑을 휘감아 올라가는 비스듬한 길을 만들었다는 점이 특이합니다. 정말 바빌로니아는 전설의 도시라 할 만하죠?

바빌로니아의 찬란한 문명

아카드인에 이어 셈족 계통의 아무르인이 바빌로니아 왕국을 세웠습니다. 바빌로니아는 풍요의 땅이에요. 어디서든지 빵의 원료가 되는 밀이 잘 자랐습니다. 사실 바빌로니아는 밀의 원산지거든요. 대추야자도 지천에 널려 있었습니다. 그러니까 애써 일하지 않아도 굶을 걱정을 할 필요는 없었습니다. 그래서 그런지 바빌로니아인들은 돈을 사용하지 않았습니다. 교환이 가능한 직물이나 곡물, 가축 등을 돈처럼 사용했습니다. 이를 물품화폐라고 합니다.

바빌로니아인들은 수학과 천문학에 관한 지식이 해박했습니다. 기원전 2300년경에 이미 일식이 언제 일어날지 그 정확한 시기를 예측했을 정도였답니다. 하늘에 달이 지나가는 모습을 관찰해서 달이 태양을 따라잡아 태양과 정확히 겹칠 때까지 얼마나 걸리는지 계산한 거예요. 바빌로니아인들이 천문학에 얼마나 능통했는지 짐작할 수 있겠죠?

그런데 바빌로니아인들이 왜 천문학에 관심이 많았는지 아세요? 그건 이집트인들이 동물을 숭배하듯 바빌로니아인들은 천체를 숭배했기 때문이랍니다. 다시 말해 점성술의 일환으로 천문학이 발달한 거예요.

❖ 나람수엔의 전승비
바빌로니아의 아카드 왕조는 사르곤의 손자 나람 신에 이르러 절정기에 도달했습니다. 수사에서 발견된 전승비는 뿔 투구를 쓴 나람 신 앞에서 적들이 맥없이 무너지는 모습을 담고 있습니다. 이 부조는 왕이 신처럼 묘사된 첫 유물로 알려져 있어요. 루브르 박물관 소장

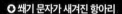

◐ 함무라비 법전

메소포타미아 전 지역을 통일한 함무라비 왕이 제정한 고대 바빌로니아
의 법전이에요. 메소포타미아 지방에서 1,000년에 걸쳐서 시행되었지요.
돌기둥에 쐐기 문자로 새겨 놓았는데, 오늘날까지도 본래 모습이 그대로
전해지고 있답니다.
루브르 박물관 소장

◐ 쐐기 문자가 새겨진 항아리

바빌로니아인은 항아리에도 쐐기 문자를 새겨 일상을 기록했습니다.
루브르 박물관 소장

○ 샤마슈신
샤마슈신은 고대 메소포타
미아의 태양신으로, 함무라
비 법전에서는 함무라비 왕
에게 법을 하사하는 모습이
묘사되어 있습니다.

바빌로니아 왕국은 기원전 18세기 함무라비 왕 때 바빌론을 수도로 해 메소포타미아를 통일했어요. 함무라비 왕은 중앙 집권적인 정치를 추진했고, 수메르와 아카드의 법전을 이어받아 현재 존재하는 가장 오래된 법전인 함무라비 법전을 만들었습니다. 쐐기 문자로 돌기둥에 새겨진 함무라비 법전은 오늘날까지도 본래 모습 그대로 전해지고 있어요.

함무라비 법전의 앞부분에는 '사람들을 올바로 이끌고 올바른 행동을 배우게 하도록 신이 내게 명령했을 때, 나는 이 나라에 진리와 정의를 확립하고 사람들에게 안녕을 가져다주었다'라고 적혀 있습니다. 마지막 부분에는 '국민을 위한 판결을 내리고 국민을 위한 결정을 내리기 위해, 그리고 박해받은 사람에게 정의를 회복해 주기 위해 나의 귀중한 말을 나의 부조 밑에 새겼다'는 내용이 있어요.

함무라비 왕은 주변 민족들을 모두 정복했을 뿐 아니라 지중해 근처에 있는 시리아까지 영토를 넓혔어요. 안타깝게도 위대한 왕이 사망하자 바빌로니아는 곧바로 쇠퇴하기 시작했습니다. 고대 바빌로니아 왕국은 기원전 1600년경에 철제 무기를 사용한 인도-유럽 어계의 히타이트인과 카시트인에게 멸망했어요.

다음은 함무라비 법의 구체적인 항목입니다. 오늘날의 법과 어떤 점에서 다른가요?

- 제196조 상층 시민이 상층 시민의 눈을 다치게 하면 그는 눈을 다치게 해야 한다.
- 제200조 상층 시민이 상층 시민의 이를 상하게 하면 그는 이를 상하게 해야 한다.
- 제201조 상층 시민이 일반 시민의 이를 상하게 하면 그는 은 170g을 지불해야 한다.

고대 바빌로니아의 법은 단순하지만 매우 가혹했습니다. 범죄를 저지른 사람의 여러 가지 상황이나 처지를 고려하지 않고 엄격하게 적용한 것이 특징입니다. 예컨대 실수로 저지른 범죄와 고의로 저지른 범죄를 구분하지 않았습니다. 처벌할 때는 '눈에는 눈, 이에는 이'의 형태로 철저한 복수주의 원칙에 따랐으며, '목수가 다른 사람의 집을 지었는데 그 집이 무너져 주인을 죽게 했다면 그 목수는 사형에 처해야 한다'는 식으로 사형 제도를 두기도 했습니다. 하지만 신분에 따라 똑같은 범죄를 저질렀어도 똑같은 형벌로 처벌하지 않았습니다. '만인이 법 앞에 평등하다'는 기본적인 원칙이 지켜지지 않았던 거예요. 왜냐하면 바빌로니아의 법은 지배 계급이 피지배 계급에게 불평등한 계급 질서를 강요하기 위해 고안되었기 때문입니다. 다시 말해 가혹한 형벌이 많은 나라일수록 그만큼 불평등 구조가 심각하다는 것을 의미합니다.

10 약속의 땅을 찾아서 |
헤브라이의 역사

기원전 1900년경에 유대인(또는 헤브라이인)은 바빌로니아의 우르에서 가나안을 거쳐 이집트로 이동했습니다. 하지만 파라오의 탄압이 점점 심해지자 유대교의 선지자 모세를 따라 이집트를 탈출했습니다. 그 후 40년 동안 광야를 떠돌다가 '약속의 땅'인 가나안으로 다시 돌아와 헤브라이 왕국을 세웠습니다. 당시 유대인들은 왕을 대신해 판관이 나라를 다스렸습니다. 판관 시대는 사무엘을 마지막으로 끝이 나고, 사울이 유대인 최초의 왕이 되었습니다.

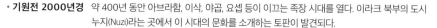

- **기원전 2000년경** 약 400년 동안 아브라함, 이삭, 야곱, 요셉 등이 이끄는 족장 시대를 연다. 이라크 북부의 도시 누지(Nuzi)라는 곳에서 이 시대의 문화를 소개하는 토판이 발견되다.
- **기원전 1200년경** 유대인이 가나안에 정착한 후 12지파의 왕들이 땅을 분할해 통치하면서 약 200년 동안 삼손, 사무엘, 기드온, 에후, 드보라 등이 이끄는 판관 시대를 연다.
- **기원선 1000년경** 사울, 다윗, 솔로몬으로 이어지는 왕정 시대를 연다. 솔로몬 이후에 이스라엘 왕국은 남북으로 분열하다.

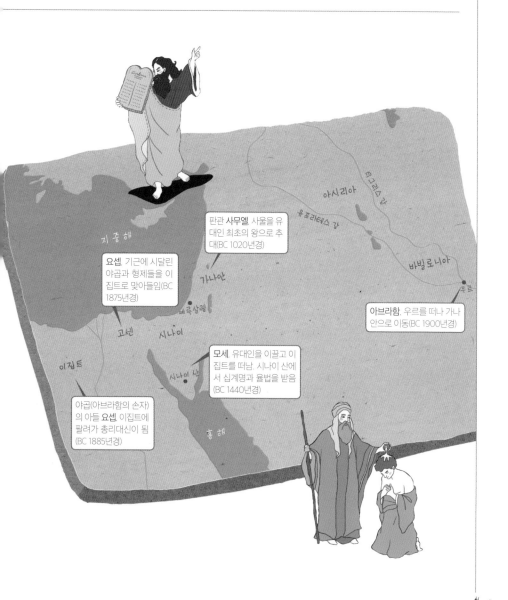

판관 **사무엘**, 사울을 유대인 최초의 왕으로 추대(BC 1020년경)

요셉, 기근에 시달린 야곱과 형제들을 이집트로 맞아들임(BC 1875년경)

아브라함, 우르를 떠나 가나안으로 이동(BC 1900년경)

모세, 유대인을 이끌고 이집트를 떠남. 시나이 산에서 십계명과 율법을 받음(BC 1440년경)

야곱(아브라함의 손자)의 아들 요셉, 이집트에 팔려가 총리대신이 됨(BC 1885년경)

우르에서 이집트까지

기원전 2000년경에 바빌로니아의 고대 도시이자 세상에서 가장 이름이 짧은 도시 우르(Ur)에는 아브라함이 살고 있었습니다. 아브라함은 덕망 있는 족장으로 하나님의 계시를 받고 멀리 지중해에 접해 있는 가나안 땅까지 무리를 이끌고 이동했습니다. 아마도 다신교를 믿고 있던 바빌로니아인과 하나님을 유일신으로 섬기는 유대교 간에 분쟁이 끊이지 않았기 때문일 거예요.

아브라함의 손자 야곱은 아들 요셉을 낳았는데, 야곱이 요셉을 가장 사랑했기 때문에 요셉의 형제들은 요셉을 질투했습니다. 그래서 요셉을 이집트 노예 상인에게 몰래 팔아 버렸습니다. 그리고 야곱에게는 요셉이 들짐승에게 죽임을 당했다고 거짓말을 했습니다.

노예 상인에게 팔려 간 요셉은 옥에 갇혔지만 머리가 영특해 파라오의 꿈을 해석한 공로로 총리대신이 되었습니다. 총리대신이 된 그는 자신을 버린 형제들을 용서했을 뿐만 아니라 풍요의

○ 가나안으로 향하는 아브라함
우르에서 덕망 있는 족장으로 살아가던 아브라함은 하나님의 계시를 받고 멀리 지중해에 접해 있는 가나안 땅까지 무리를 이끌고 이동했습니다.

땅 고센을 내주었습니다. 기원전 1875년경에 야곱의 가족은 고센 지방으로 이동했습니다. 이들을 이스라엘인이라고 부르는 것은 그들이 이스라엘, 즉 야곱의 자손이기 때문입니다.

『구약 성경』에 따르면 이스라엘은 하나님이 야곱에게 주신 새 이름이라고 기록되어 있어요. 이스라엘인은 스스로 하나님이 선택한 사람들이라고 믿었습니다. 이들이 바로 오늘날의 유대인입니다. 그러나 요셉이 죽자 이집트의 파라오들은 이민족인 유대인을 가혹하게 대하기 시작했습니다. 노예처럼 중노동을 시켰는가 하면, 람세스 왕은 새로 태어나는 유대인 사내아이들을 모두 죽이라는 명령을 내렸습니다.

❂ 파라오의 꿈을 해몽하는 요셉
노예 상인에게 팔려 간 요셉은 옥에 갇혔지만 머리가 영특해 파라오의 꿈을 해석한 공로로 총리대신이 되었습니다.

이집트에서 가나안까지

이때 태어난 모세는 어머니와 누나 미리암(훗날 여성 예언자가 된다)의 기지로 공주의 양자가 되고, '강에서 건진 아이'라는 뜻으로 모세라고 불렸어요. 어느덧 유대인의 지도자로 성장한 모세는 80세가 되었을 때, 민족을 구원하라는 신의 계시를 받고 유대인을 이끌고 이집트 땅을 떠나 홍해를 건넜습니다. 열 가지 초자연적인 재앙과 홍해가 갈라지는 기적이 이를 가능하게 했습니다. 기원전 1440년경에 일어난 이 사건을 이집트 탈출이라고 부릅니다.

모세 일행이 이집트를 떠나 맨 처음 도착한 곳은 시나이 산이었습니다. 이곳에서 모세는 산꼭대기에 올라가 꼬박 40일 동

✪ 미켈란젤로의 모세상

미켈란젤로는 이 모세상을 완성해 놓고 어느 날 진짜로 살아서 움직일까 봐 가슴을 졸였다고 합니다. 그래서 이따금씩 망치로 모세상의 무릎을 치며 "일어나!"라고 명령했다고 합니다. 대리석으로 만든 모세상에 살짝 금이 가 있는데, 그게 망치로 친 증거라고 하네요.

안 기도한 뒤, 신에게서 십계명을 받아 가지고 내려왔습니다. 그래서 모세를 율법의 수호자이자 유대교의 선지자라고 하는 모양입니다. 그런데 그가 자리를 비운 사이에 유대인들은 황금 송아지를 숭배하고 있었습니다. 이 모습을 본 모세는 화가 머리 끝까지 치밀어 십계명을 새긴 두 개의 석판을 던져 버리고 계명을 어긴 3,000명의 유대인을 처벌했다고 합니다.

○ 십계명을 들고 있는 모세

모세 일행이 이집트를 떠나 맨 처음 도착한 곳은 시나이 산이었습니다. 이곳에서 모세는 산꼭대기에 올라가 꼬박 40일 동안 기도한 뒤, 신에게서 십계명을 받아 가지고 내려왔습니다.

왕의 시대

왕의 시대에 앞서 맞이한 판관 시대는 기원전 1200년부터 기원전 1000년대까지 약 200년 동안 지속됐습니다. 그동안 12명의 판관이 등장했는데, 여기에는 '삼손'도 포함됩니다. 사자를 찢어 죽이고 성문을 뽑아 버리는 등 괴력을 가진 전설의 전사였던 삼손은 들릴라라는 여자의 꾐에 빠져 자신의 힘이 머리털에서 나온다는 비밀을 고백하고 머리털을 모두 잘리게 됩니다.

판관은 권력을 세습하는 지도자도 아니고, 절대 권력도 없었습니다. 단지 카리스마적인 리더십을 발휘했던 인물로 보입니다. 다시 말해 판관은 궁전에서 살며 온갖 보석으로 치장했던 왕과 달랐습니다. 여느 백성과 마찬가지로 소박하게 살았습니다.

그러나 유대인은 진짜 왕을 원했습니다. 아마도 유대인들이 원했던 왕은 지금의 대통령과 같은 존재였을 거예요. 마침내 마지막 판관 사무엘은 유대인에게 왕이 필요하다는 것을 인정하

○ 기도하는 어린 사무엘
마지막 판관 사무엘은 유대인에게 왕이 필요하다는 것을 천명하고, 12지파의 왕으로 사울을 선출했습니다.

고, 12지파의 왕으로 사울을 선출했습니다. 12지파는 이스라엘 백성을 말하는데, 그 이름은 야곱의 아들과 손자 12명의 이름을 따서 지었습니다. 사무엘은 사울의 머리에 올리브유를 부었습니다. 별난 행동처럼 보이지만 왕관을 씌우는 대관식을 대신하며 사울이 왕이 됐다는 것을 알리는 의식이었습니다.

사무엘을 마지막으로 판관의 시대가 끝나고 사울이 유대인 최초의 왕이 된 거예요. 사울은 불레셋인의 공격을 받아 아들 요나단과 함께 길보아 산에서 전사했습니다. 사울은 왕으로 있는 동안 불레셋인과의 전쟁에서 수많은 무훈을 세운 부하 장수 다윗을 시기했으나, 불레셋의 장수인 골리앗을 무찌른 다윗에게 왕위가 계승되었지요.

당시 대부분의 나라에서는 이집트처럼 여러 신을 섬겼는데, 유대인은 유일신의 신앙을 갖고 있었습니다. 유일신 신앙은 유대교를 비롯해 기독교, 이슬람교에서도 찾을 수 있는데, 범신론의 비인격적인 신과 달리 인격적인 존재라는 점이 다릅니다. 당시 유대인들에게는 선지자가 썼다는 책이 있었는데, 이 책을 가리켜 『구약 성경』이라고 합니다. 유대교는 훗날 기독교의 성립에 직접적인 영향을 미치게 됩니다.

오늘날 유대인이 성공할 수 있었던 배경은 무엇일까요?

여러 가지 이유가 있겠지만 우선 유대교 정신에서 찾아볼 수 있지 않을까요? 유대교에는 체다카(Tzedakah)라는 정신이 있습니다. 이것은 나눔의 정신을 의미하는데, 자선(Charity)이란 개념과 조금 다릅니다. 체다카는 나눔을 강조하면서 그러한 행동이 사회 구성원에게 도움이 되어야 한다는 의미까지 담고 있기 때문입니다. 그래서 유대인들은 어렸을 때부터 자신이 벌어들인 소득의 10퍼센트를 꼭 사회에 환원해야 한다고 가르친답니다. 이런 유대교의 정신이야말로 경쟁 사회에서 유대인들이 성공을 거두는 숨은 비결이 아닐까요? 이는 앞선 시대의 유대인들이 겪었던 험난한 역사가 그들에게 가르친 역사의 교훈이라고 할 수 있습니다. 나눔과 섬김은 가진 자에게만 요구되는 특별한 의무가 아니라 사회 구성원 모두에게 요구되는 기본적인 의무였던 거예요. 가진 자의 도덕적 의무를 강조하는 노블레스 오블리주(지도층 의무)보다 더 폭넓은 개념이라고 할 수 있습니다.

11 그리스 신화 |
그리스 문명

그리스에서는 어디를 가도 고대 유적을 볼 수 있습니다. 폴리스의 수호신을 제사 지내던 아크로폴리스, 신탁의 도시로 지구의 배꼽이라고 불리는 델포이, 그리스 최대 신전인 제우스 신전 등 이루 헤아릴 수 없을 정도입니다. 그런데 공교롭게도 이들 유적은 모두 신과 관련된 것들입니다. 그것은 그리스가 신화의 도시이기 때문입니다. 그리스 신화는 인도 신화와 더불어 그 가치가 매우 높게 평가됩니다. 고대 그리스 문학의 중요한 한 장르로서 여러 나라의 문화에 정신적 유산으로 수용되었기 때문입니다.

- **기원전 2700년경** 크레타 섬에서 청동기를 사용한 크레타 문명이 싹트다. 미케네 문명과 더불어 아시아와 유럽을 잇는 중요한 의의를 갖는다. 이 둘을 가리켜 에게 문명이라고 한다.
- **기원전 1600년경** 펠로폰네소스 반도에서 청동기를 사용한 미케네 문명이 싹트다. 무역을 통해 발전한 크레타 문명과 달리 정복을 통해 발전하다.
- **기원전 776년경** 제1회 고대 올림피아 제전이 올림피아에서 열리다. 이 시기에 우리나라는 중국의 연, 제 등과 국제 교역을 하기 시작하다.

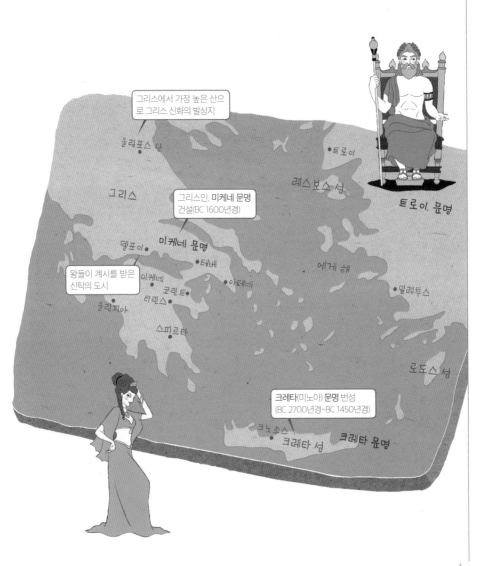

그리스에서 가장 높은 산으로 그리스 신화의 발상지

올림포스 산

트로이

레스보스 섬

그리스

그리스인. 미케네 문명 건설(BC 1600년경)

트로이. 문명

델포이   미케네 문명

테베

에게 해

밀레투스

왕들이 계시를 받은 신탁의 도시

미케네   아테네
코린트
티린스

올림피아

스파르타

로도스 섬

크레타(미노아) 문명 번성
(BC 2700년경~BC 1450년경)

크노소스
크레타 섬   크레타 문명

올림포스의 열두 신

옛날 옛적에 헬렌이라는 용감한 사내
가 있었습니다. 그는 프로메테우스
의 손자로서 대대손손 번성했습니
다. 그의 자손들을 가리켜 헬레네스
라고 부르고, 그들이 살던 지중해의
작은 땅을 헬라스라고 불렀습니다. 헬
라스는 섬과 반도로 분리되어 개별적인 도시
국가로 발전했으나 언어와 종교가 같기 때문에 한
민족이라는 유대감이 강했습니다. 게다가 대규모 체
육 경기나 예술 경연을 통해 통합이 가능했습니다.
지금은 이곳을 '그리스'라고 합니다.

그리스인은 유대인과 달리 여러 신을 믿었습니
다. 그리스의 신들은 근엄하고 신성한 존재라기
보다 옛날이야기 속의 주인공처럼 재미있고 친근
합니다. 그들은 그리스에서 가장 높은 산인 올림포
스 산에 살면서 가족을 이루기도 하고, 착한 일만 하
는 것이 아니라 나쁜 일도 서슴지 않습니다. 심지어
신들은 우리가 먹는 음식보다 훨씬 맛있는 음식을 먹
고 사는데, 이를 넥타르와 암브로시아라고 합니다. 이
음식을 먹으면 영원히 죽지 않는다고 합니다. 그럼
이제부터 그리스 신의 족보를 한번 살펴볼까요?

○ 신들의 왕 제우스
모든 신들의 왕이고 포세이돈과 하데스의 동생입니다. 제우스는 신과 인간은 물
론, 번개나 비 같은 기상 현상을 주재했습니다.

제우스(영어 이름은 주피터)는 모든 신들의 왕이자 포세이돈, 하데스 등과 형제이고, 하늘과 날씨의 신입니다. 그는 헤파이스토스가 선물한 Z자 모양의 번갯불을 손에 쥐고 있고, 새들의 제왕인 독수리가 그를 항상 따릅니다.

헤라(영어 이름은 주노)는 제우스의 아내이자 모든 신들의 여왕입니다. 그녀는 권위를 상징하는 지팡이를 손에 쥐고 있고, 애완용 앵무새를 데리고 다닙니다.

포세이돈(영어 이름은 넵튠)은 바다의 신입니다. 해마가 끄는 전차를 타고 포크처럼 생긴 삼지창을 들고 다닙니다. 그가 삼지창으로 바다를 살짝 건드리면 풍랑이 일거나 파도가 잠잠해집니다.

헤파이스토스(영어 이름은 불칸)는 제우스와 헤라 사이에서 태어난 아들로 불의 신입니다. 얼굴도 못생기고 절름발이 대장장이지만 미의 여신 아프로디테의 남편입니다. 헤파이스토스의 대장간이 산속에 있기 때문에 산에서 연기가 치솟으며 불을 내뿜는 화산을 '볼케이노(volcano)'라고 부릅니다.

아폴론(영어 이름은 아폴로)은 남성 신들 중에서 가장 아름다운 신으로 아르테미스와 남매지간이고, 해와 음악의 신입니다. 그리스인들은 아폴론이 매일 아침 동쪽 하늘에서 서쪽 하늘로 태양의 전차를 몰고 지나가기 때문에 아침이 온다고 믿었습니다.

아르테미스(영어 이름은 다이아나)는 아폴론의 쌍둥이 여동생이고, 달과 사냥의 여신입니다. 아폴론처럼 활을 들고 다니는데 그녀의 화살은 순식간에 목숨을 앗아가므로 아무런 고통도 느끼지 못한다고 합니다.

아레스(영어 이름은 마르스)는 헤파이스토스와 형제 지간이고, 전쟁의 신입니다. 또 다른 전쟁 신인 아테나가 전략가로서 방어를 중시한다면 그는 파괴자로서 학살밖에 모르는 신입니다. 그래서 그런지 대부분의 전쟁에서 승리한 적이 거의 없습니다.

헤르메스(영어 이름은 머큐리)는 신들의 전령입니다. 그의 모자와 신, 지팡이에 모두 날개가 달려 있는 것은 그만큼 빠르게 소식을 전하기 위해서입니다. 그의 지팡이를 싸우고 있는 두 사람 사이에 놓으면 금방 친구가 된다고 합니다.

아테나(영어 이름은 미네르바)는 전쟁의 신이자 지혜의 여신입니다. 그녀는 특이하게도 제우스의 머리에서 태어났고, 아르테미스와 헤스티아처럼 처녀 신입니다. 그녀는 언제나 투구를 쓰고 갑옷을 입은 채로 손에는 창과 방패를 든 여전사의 모습을 하고 있습니다.

아프로디테(영어 이름은 비너스)는 사랑과 미의 여신입니다. 신들 중에 가장 아름다운 여신이지만 그녀는 크노소스가 아버지 우라노스의 생식기를 잘라 바다에 버렸을 때 생긴 물거품에서 태어난 데다가 남편 헤파이스토스의 사랑을 받지 못해 전쟁의 신 아레스와 밀회를 즐겼다고 합니다. 그녀의 아들 큐피드가 활과 화살통을 가지고 다니며 인간의 심장에 사랑의 화살을 쏘는 것도 다 그런 이유 때문인가 봅니다.

헤스티아(영어 이름은 베스타)는 제우스와 남매뻘이고, 가정과 부엌의 여신입니다. 비록 신화에는 자주 등장하지 않지만 매일

지팡이
어느 날 뱀 두 마리가 싸우는 광경을 보고 그 사이에 지팡이를 놓자 두 마리 뱀이 마치 사랑을 하듯 지팡이를 휘감았다고 한다. 이 지팡이를 카두케우스라고 한다.

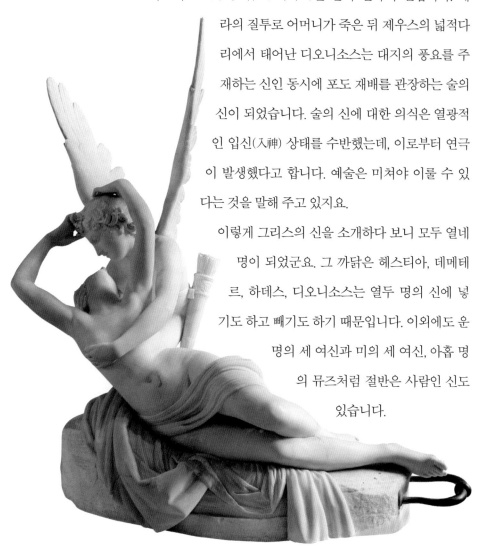

아침 첫 번째 공양물을 받는 위치에 있었습니다.

데메테르(영어 이름은 세레스)는 곡물과 수확의 여신입니다. 계절의 변화와 결혼의 유지를 관장하는 것으로도 알려져 있습니다.

하데스(영어 이름은 플루톤)는 제우스의 형으로 땅속에 살면서 지하 세계를 다스리는 신입니다.

디오니소스(영어 이름은 바커스)는 술과 연극의 신입니다. 헤라의 질투로 어머니가 죽은 뒤 제우스의 넓적다리에서 태어난 디오니소스는 대지의 풍요를 주재하는 신인 동시에 포도 재배를 관장하는 술의 신이 되었습니다. 술의 신에 대한 의식은 열광적인 입신(入神) 상태를 수반했는데, 이로부터 연극이 발생했다고 합니다. 예술은 미쳐야 이룰 수 있다는 것을 말해 주고 있지요.

이렇게 그리스의 신을 소개하다 보니 모두 열네 명이 되었군요. 그 까닭은 헤스티아, 데메테르, 하데스, 디오니소스는 열두 명의 신에 넣기도 하고 빼기도 하기 때문입니다. 이외에도 운명의 세 여신과 미의 세 여신, 아홉 명의 뮤즈처럼 절반은 사람인 신도 있습니다.

◐ **불의 신 헤파이스토스**
제우스와 헤라 사이에서 태어
난 아들로 불의 신입니다.

◐ **신들의 여왕 헤라**
제우스의 아내이자 모든
신들의 여왕입니다.

◐ **바다의 신 포세이돈**
해마가 끄는 전차를 타고 포크
처럼 생긴 삼지창을 들고 다닙
니다.

◑ 달과 사냥의 여신 아르테미스
아폴론의 쌍둥이 여동생이고 달과 사냥의 여신입니다.

◑ 전쟁의 신 아레스
헤파이스토스와 형제지간이고 학살밖에 모르는 전쟁의 신입니다.

◑ 해와 음악의 신 아폴론
남성 신 중에서 가장 아름다운 신으로 아르테미스와 남매지간입니다.

❖ 곡물과 수확의 여신 데메테르
계절의 변화와 결혼의 유지를 관장하는 것으로도 알려져 있습니다.

❖ 신들의 전령 헤르메스
모자와 신, 지팡이에 모두 날개가 달려 있는 까닭은 그만큼 빠르게 소식을 전하기 위해서입니다.

❖ 사랑과 미의 여신 아프로디테
신들 중에서 가장 아름다운 여신입니다.

○ 술과 축제의 신 디오니소스

술의 신에 대한 의식은 열광적인 상태를 수반했는데, 이로부터 연극이 발생했다고 합니다.

○ 전쟁과 지혜의 여신 아테나

제우스의 머리에서 태어났고, 아르테미스와 헤스티아처럼 처녀 신입니다.

○ 죽음의 신 하데스

제우스의 형으로 땅속에 살면서 지하 세계를 다스리는 신입니다.

태양계 내에 있는 행성의 이름도 그리스 신의 이름을 따서 지었습니다. 주피터(목성)는 가장 큰 행성의 이름이고, 마르스(화성)는 핏빛을 띤 불그스름한 행성의 이름입니다. 비너스(금성)는 가장 아름다운 행성의 이름이며, 머큐리(수성)와 넵튠(해왕성)도 있습니다.

델포이 신탁

아테네에서 멀지 않은 곳에 파르나소스 산이 있고, 이 산의 한편에 델포이라는 도시가 있습니다. 시내 한복판에 땅이 갈라져 가스가 새어 나오는 곳이 있었습니다.

❍ **델포이의 아테나 신전**
제왕들이 신의 계시를 받던 신탁의 도시 델포이에는 아테나 신전이 있습니다. 아테나 신전은 아폴론 신전에서 약 1km 떨어진 곳에 있습니다.

화산 때문에 땅이 갈라져 가스가 새어 나오는 것인데, 고대 그리스인들은 이 가스를 제우스가 숨을 쉬는 거라고 믿었고, 가스가 나오는 갈라진 틈 위에 여사제가 의자를 놓고 앉았습니다. 여사제는 열병이 나서 '정신을 놓아 버린' 사람처럼 정신없이 날뛰면서 사람들이 무언가 질문하면 대답해 주었습니다. 이것을 델포이 신탁이라고 합니다.

그리스인들은 무엇을 할지 혹은 앞으로 무슨 일이 일어날지 알고 싶으면 언제나 신탁으로 향했고 신탁이 전하는 말을 굳게 믿었습니다. 그러나 신탁은 대체로 수수께끼 같아서 여러 가지 뜻으로 해석할 수 있었습니다. 예를 들어 어떤 왕이 다른 나라와

○ 델포이 극장
고대 그리스인들이 신에게
바치는 제의의 하나로 연극
을 공연했던 장소입니다. 극
장 아래의 왼쪽에 신탁 장소
로 사용되었던 아폴론 신전
이 보입니다.

전쟁을 벌이기 직전에 누가 승리
할지 물으면 "위대한 왕국이 패할
것입니다."라는 식의 신탁이 돌아
옵니다.

이 신탁을 어떻게 해석해야 할
까요? 위대한 왕국이 어떤 나라인
지 말하지 않았으니까 이 신탁은
절대로 틀릴 수가 없겠죠? 그래서 귀에 걸면 귀걸이, 코에 걸면
코걸이 식의 대답을 지금도 '신탁 같은' 대답이라고 한답니다.

세계 문화유산으로 지정된 델포이의 유적지에는 도리스식
의 아폴론 신전, 아테나 신전, 극장, 제단 등이 있습니다. 아폴론
신전에는 '대지의 배꼽'이라는 뜻의 '옴파로스'라는 돌이 있었
어요. 고대 그리스인들은 델포이를 지구의 중심이라고 생각했
거든요. 옴파로스는 라틴어로 '배꼽', '세계의 중심'을 뜻합니다.
'세계의 중심'이라는 의미 때문인지 옴파로스는 의류 상품명으
로도 사용되고 있어요. '자유의 신'인 리베르가 출판사 브랜드로
사용되고 있는 것처럼 말이지요.

이렇게 역사와 신화는 현대인의 생각과 활동에도 영향을 미
치고 있어요. 390년 테오도시우스 1세가 기독교를 국교로 정하
면서 델포이의 역사는 막을 내렸습니다.

생각해
보세요

오늘날 현대인들이 그리스 신화에서 배울 점은 무엇일까요?

그리스 신화에는 헤아릴 수 없이 많은 신들이 등장합니다. 그런데 한 가지 특이한 점은 하나님이나 부처님과 달리 지나치게 인간적이라는 것입니다. 신이 바람을 피우는가 하면, 질투에 눈이 멀어 복수하기도 합니다. 천국이나 극락처럼 영원한 낙원을 제시하지도 않습니다. 단지 인간의 지혜와 용기를 격려한다는 점에서 한 권의 고전 문학 작품이라는 의미가 더욱 강합니다. 그렇기 때문에 종교적인 의미보다 서양 문명의 뿌리로서 전 세계인에게 더 큰 영향을 미치고 있습니다. 사실 그리스 신화는 모든 문학 작품의 뿌리이기도 합니다. 동서고금을 막론하고 문학 작품을 보면 제우스 같은 남자와 헤라 같은 여자를 얼마든지 볼 수 있거든요. 고대 그리스 문명이 쇠퇴한 뒤에도 그리스 신화는 고대 로마인들에게 정신적 유산으로 높이 평가돼 로마 신화에 대부분 수용됐습니다.

12 신화의 고향 |
트로이 전쟁

독일의 고고학자 슐리만은 어릴 때, 호메로스의 이야기를 읽고 큰 감동을 받았습니다. 그는 40세가 되자 늘 꿈꾸어 왔던 트로이 유적의 발굴 작업을 시작했습니다. 여러 해에 걸쳐 발굴을 시도한 끝에 마침내 트로이 유적을 찾아냈고, 뒤이어 미케네 유적도 발굴했습니다. 그가 유적을 발굴하기 전까지 트로이 전쟁은 단지 전설에 불과했습니다. 에게 해 연안에 자리 잡은 에게 문명 또한 단지 이야기에 불과했습니다. 그러나 슐리만이라는 호기심 많은 고고학자 덕분에 '신화의 고향'이 세상에 알려지게 된 것입니다.

- **기원전 1200년경** 약 10년에 걸쳐 트로이와 그리스 연합군이 전쟁을 치르다. 트로이 전쟁은 미케네 문명과 트로이 문명의 충돌이라는 점에서 의의가 크다.

- **기원전 900년경** 고대 그리스의 시인 호메로스가 24권의 서사시 『일리아드』를 완성하다. 주요 내용은 트로이 전쟁 마지막 해의 50여 일 동안 일어난 사건을 다루지만, 그 이전의 여러 에피소드도 묘사한다.

- **기원전 700년경** 『일리아드』의 후편에 해당하는 『오디세이』를 완성하다. 『오디세이』는 주인공 오디세우스가 귀향하기까지 겪은 온갖 모험담을 그리고 있다.

트로이 전쟁

한 나라의 역사는 전쟁으로 시작해서 쟁으로 끝이 나곤 합니다. 그리스 역사에서 가장 중대한 사건 역시 전쟁으로 시작되었습니다. 그리스와 트로이 사이에 벌어진 트로이 전쟁은 기원전 1200년 경에 시작된 것으로 알려져 있지만, 정확한 연대는 누구도 알 수 없고 실제로 전쟁이 일어났는지조차 알 수 없습니다. 단지 호메로스의 『일리아드』에는 다음과 같이 묘사되어 있습니다.

어느 날 올림포스 산에서 결혼 잔치가 열렸습니다. 이때 잔치에 초대받지 못한 불화의 여신이 식탁 위로 황금 사과를 던졌습니다. 사과에는 '가장 아름다운 여신에게'라고 적혀 있었습니다.

그러자 세 여신이 서로 자신의 사과라고 다투었습니다. 결국 우연히 눈에 띈 한 목동에게 누가 가장 아름다운지 결정해 줄 것을 부탁했습니다.

여신들은 제각기 자신을 선택하면 선물을 주겠다고 목동을 유혹했습니다. 헤라는 왕으로 만들어 주겠다고 했고, 아테나는

○ 아프로디테에게 황금 사과를 주는 파리스
헤라는 왕으로 만들어 주겠다고 했고, 아테나는 지혜를 주겠다고 했지만, 목동 파리스는 세상에서 가장 아름다운 여자를 아내로 맞이하게 해 주겠다고 제안한 아프로디테에게 사과를 내밀었습니다.

지혜를 주겠다고 했습니다. 하지만 목동은 세상에서 가장 아름다운 여자를 아내로 맞이할 수 있게 해 주겠다고 제안한 아프로디테에게 사과를 내밀었습니다. 그 목동은 사실 트로이의 왕 프리아모스의 아들 파리스였습니다. 갓난아기였을 때, 산에 버려져 양치기의 아들로 자란 거예요.

아프로디테가 선택한 세상에서 가장 아름다운 여자는 헬레네였는데, 헬레네는 이미 스파르타의 왕 메넬라오스에게 시집을 간 뒤였습니다. 그렇지만 아프로디테는 파리스에게 그리스의 스파르타로 가서 헬레네를 데리고 도망치라고 일러 주었습니다.

파리스는 아프로디테의 말에 따라 메넬라오스 왕을 찾아가 융숭한 대접을 받고 신임까지 얻었지만 밤에 몰래 헬레네를 데리고 바다 건너 트로이로 도망쳤습니다. 이미 철기 시대가 시작되었는데도 석기 시대 원시인처럼 행동했던 거예요.

아내를 빼앗긴 메넬라오스는 트로이를 향해 진격했습니다. 하지만 고대의 모든 도시는 적의 침입을 막기 위해 성벽으로 둘러싸여 있었고, 당시에는 대포나 총도 없었기 때문에 성벽을 뚫고 도시를 함락하기란 말처럼 쉬운 일이 아니었습니다. 메넬라오스는 10년 동안이나 트로이를 함락하려고 갖은 노력을 다했지만 끝내 뜻을 이루지 못했습니다.

○ 파리스와 헬레네
아프로디테는 파리스에게 그리스의 스파르타로 가서 이미 결혼한 헬레네를 데리고 도망치라고 말해 줍니다.

메넬라오스
헬레네가 유괴되자 분노한 메넬라오스는 미케네의 왕이자 자신의 형인 아가멤논에게 복수를 부탁한다. 이에 아가멤논은 모든 그리스 도시 국가를 규합해 전쟁을 일으킨다. 전쟁의 명분은 동생의 복수였지만, 직접적인 원인은 모든 도시 국가를 통합해 거대한 그리스 제국을 건설하는 것이었다.

그러다 마침내 메넬라오스가 한 가지 꾀를 냈습니다. 거대한 목마를 만들어 목마 안에 병사를 숨기고 전쟁을 포기한 것처럼 후퇴하는 시늉을 한 것입니다. 그리고 트로이인에게 목마가 신의 선물이라는 소문을 퍼트렸습니다.

이때 트로이의 사제 라오콘은 목마를 절대로 도시 안으로 들여놓아서는 안 된다고 경고했습니다. 그런데 거대한 뱀이 바다에서 튀어나와 라오콘과 두 아들을 휘감아 질식시켜 죽이는 일이 생기자 트로이인은 신의 계시라며 라오콘의 경고를 무시한 채 도시 안으로 목마를 들여놓기로 했습니다. 목마가 너무 커서 성문을 통과하지 못하자 심지어 성벽을 헐기까지 했습니다.

❂ 트로이의 목마
밤이 되자 목마에 숨어 있던 그리스 병사들이 튀어나와 트로이를 함락시켰습니다. 도시는 순식간에 불에 타 잿더미가 되었지요. 메넬라오스는 헬레네를 죽이려 했으나 그녀의 아름다움에 눈이 멀어 함께 다시 그리스로 돌아갔습니다.

이윽고 밤이 되자 목마 속에 숨어 있던 이타카의 왕 오디세우스가 병사들을 거느리고 튀어나와 성문을 열고 그리스 병사들을 들여보냈습니다. 도시는 순식간에 불에 타 잿더미가 되었고, 메넬라오스는 헬레네를 데리고 그리스로 돌아갔습니다.

트로이 목마 때문에 지금도 "선물을 들고 오는 그리스인을 조심하라."라는 말이 있을 정도입니다. 이는 곧 "선물을 주는 적을 경계하라."라는 말이기도 합니다.

❖ 트로이 사제 라오콘의 절규

라오콘은 목마를 절대로 도시 안으로 들여놓아서는
안 된다고 경고했습니다. 그런데 포세이돈이 보낸
두 마리의 큰 뱀이 바다에서 튀어나와 라오콘과 두
아들을 휘감아 질식시켜 죽이는 일이 생기자 트로이
인은 신의 계시라며 라오콘의 경고를 무시한 채 도
시 안으로 목마를 들여놓기로 했습니다.

바티칸 미술관 소장

트로이를 노래한 시

트로이 전쟁에 관한 이야기는 두 편의 장편 서사시로 전해지고 있습니다. 그중 한 편인 『일리아드』는 트로이 전쟁 자체를 소개하고, 다른 한 편인 『오디세이』는 오디세우스라는 그리스 영웅이 트로이 전쟁을 끝내고 고향으로 돌아오며 겪은 모험담을 소개하고 있습니다.

『일리아드』와 『오디세이』를 지은 사람은 호메로스라는 그리스 시인이었습니다. 그는 앞을 볼 수 없는 시각 장애인이었습니다. 기원전 1000년경에 활동했던 그는 여기저기 떠돌아다니며 시를 노래하는 음유 시인이었습니다. 그는 앞을 볼 수 없었기 때문에 시를 노래했는데, 그의 노래를 들은 누군가가 그의 시를 그리스어로 옮겨 적은 것이 오늘에 전합니다. 그리스인들은 호메로스를 자랑스럽게 생각했지만 정작 호메로스는 끼니조차 잇지 못할 정도로 가난해서 매일 빵을 구걸해야 했습니다. 그러나 호메로스가 죽은 후에는 아홉 개나 되는 도시에서 그가 자기네 도시에서 태어났다고 주장했습니다. 그것을 보고 누군가 이런 시를 지었습니다.

> 눈이 먼 호메로스가 죽으니
> 아홉 개의 도시에서 자기네 사람이라고 우기네.
> 살아서는 빵을 구걸하던 도시에서.

호메로스는 실존 인물이 아닌지도 모릅니다. 또는 여러 사람일 수도 있습니다. 어쩌면 아홉 명의 호메로스가 아홉 개의 도시에서 태어났을 수도 있습니다. 그건 아무도 모르는 일입니다.

일리아드
전체 24권으로 된 서사시다. 트로이의 다른 이름이 '일리움'이기 때문에 붙여진 이름이다.

❂ 파트로클로스의 시체를 들고 있는 메넬라오스
아가멤논과의 불화로 아킬레우스가 참전을 거부하자 파트로클로스가 아킬레우스의 갑옷을 입고 전장에 나가서 트로이군을 크게 물리쳤습니다. 그러나 무리하게 계속 추격하다 결국 헥토르의 창에 찔려 죽습니다.

트로이 전쟁은 왜 일어났을까요?

트로이 전쟁은 신화에서 이야기하는 것처럼 여신들의 황금 사과 때문에 벌어진 전쟁이 아니라 바다의 패권을 서로 차지하려는 해상 국가의 욕심 때문에 벌어진 전쟁이었습니다. 당시 그리스에서는 크고 작은 여러 국가들이 서로의 힘을 겨루고 있었습니다. 그중에서 가장 강력한 힘을 가지고 있었던 미케네 왕국은 세력을 더욱 넓히기 위해 이웃 나라와 자주 전쟁을 벌였습니다. 에게 해를 지나 흑해로 나아가고 싶었기 때문이에요. 그 길을 가로막는 나라는 인정사정 볼 것 없이 공격했습니다. 특히 흑해의 길목에 있는 트로이는 반드시 무너뜨려야 할 나라였습니다. 그런데 마침 헬레네 납치 사건이 터짐으로써 연합군을 형성해 공격할 수 있는 빌미를 얻게 되었습니다. 즉 트로이 전쟁은 빼앗긴 아내를 되찾기 위한 전쟁이 아니라 흑해를 차지하기 위한 전쟁이었던 거예요.

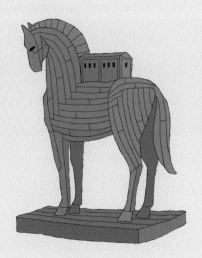

13 나라를 잃어버린 백성 |
헤브라이 왕국

기 원전 1000년경에 가나안으로 돌아온 유대인들은 어떻게 살았을
까요? 용감한 전사였던 사울 왕에 이어 헤브라이 왕국을 하나로 통
일해 두 번째 왕이 된 다윗은 예루살렘을 수도로 정하고 왕조의 기틀을 단
단히 다졌습니다. 그의 뒤를 이은 솔로몬 왕에 이르러 유대 민족은 최고의
전성기를 누리게 되었습니다. 그런데 그 후 유대인은 아시리아인에게 정
복당해 포로로 잡혀갔다가, 바빌로니아가 아시리아를 정복하자 이번에는
바빌론으로 끌려갔습니다. 우여곡절 끝에 다시 가나안으로 돌아왔지만 이
번에는 로마의 지배를 받게 되었고, 끝내 쫓겨나 오랫동안 해외를 떠돌아
야 했습니다.

- **기원전 1000년경** 다윗이 사울의 뒤를 이어 이스라엘의 두 번째 왕이 되다. 이스라엘 전체를 하나의 왕국으로 통일하고 예루살렘을 수도로 삼다.
- **기원전 965년경** 다윗의 아들 솔로몬이 이스라엘의 세 번째 왕이 되다. 가장 시혜로운 왕이자 시인으로 최고의 명성을 얻다.
- **기원전 586년경** 유대 왕국이 아시리아로부터 분열된 신바빌로니아에 의해 멸망하다.

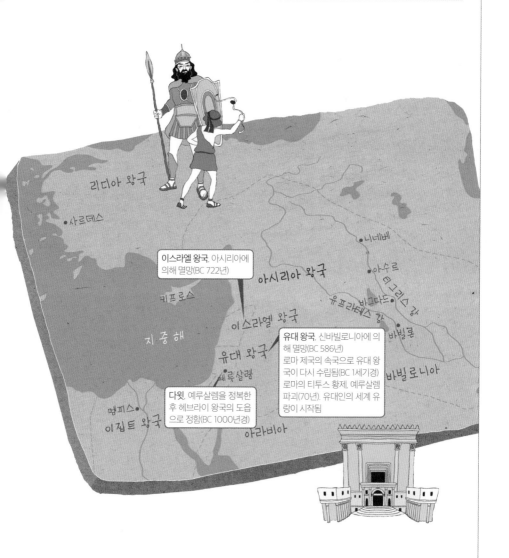

리디아 왕국

사르데스

이스라엘 왕국, 아시리아에 의해 멸망(BC 722년)

니네베

아수르

아시리아 왕국

티그리스 강

키프로스

유프라테스 강

바그다드

이스라엘 왕국

바빌론

지중해

유대 왕국

유대 왕국, 신바빌로니아에 의해 멸망(BC 586년)
로마 제국의 속국으로 유대 왕국이 다시 수립됨(BC 1세기경)
로마의 티투스 황제, 예루살렘 파괴(70년), 유대인의 세계 유랑이 시작됨

바빌로니아

예루살렘

다윗, 예루살렘을 정복한 후 헤브라이 왕국의 도읍으로 정함(BC 1000년경)

멤피스

이집트 왕국

아라비아

다윗과 골리앗

호메로스가 그리스의 길거리를 떠돌며 노래를 부르고 있을 때, 가나안에서도 미래의 유대 왕이 산과 들을 떠돌며 노래를 부르고 있었습니다. 사울의 뒤를 이어 왕이 될 다윗은 군대에서 일개 양치기로 일하는 소년이었습니다. 그런 그가 어떻게 왕이 될 수 있었을까요? 여러분도 잘 알다시피 다윗은 사울에 반기를 든 불레셋이 거인 골리앗을 앞세워 쳐들어왔을 때, 돌팔매로 골리앗을 물리쳤습니다. 작지만 꾀 많은 소년이 덩치 큰 악당을 때려눕히는 이야기를 들으면 절로 흥분이 되지 않나요?

사울 왕에게는 딸이 하나 있었는데 그 딸이 용감한 청년 다윗을 보고 사랑에 빠져 마침내 둘은 결혼했습니다. 사울이 죽고 왕위에 오른 다윗은 유대인 역사상 가장 위대한 왕이 되었습니다.

사울은 왕이 된 후에도 궁전이 아닌 천막에서 생활했고 수도도 정하지 않았습니다. 그래서 다윗은 가나안의 예루살렘이라는 도시를 정복하고 유대인의 수도로 삼았습니다.

다윗은 용감한 전사이자 위대한 왕이며 훌륭한 시인이었습니다. 호메로스가 과거의 신화를 노래했다면 다윗은 유대인의 신 하나님을 노래했습니다. 그것이 바로 「시편」입니다. 요즘은 아무리 인기 있는 노래라도 몇 달밖에 인기를 끌지 못하지만 지금으로부터

○ 골리앗의 목을 베는 다윗

다윗이 골리앗과 맞서고 있습니다(위). 다윗이 방어하는 것처럼 보이지만 다윗의 병사들이 골리앗의 병사들을 밀어붙이고 있습니다(가운데). 다윗이 골리앗을 쓰러뜨린 후 목을 베고 있습니다(아래).

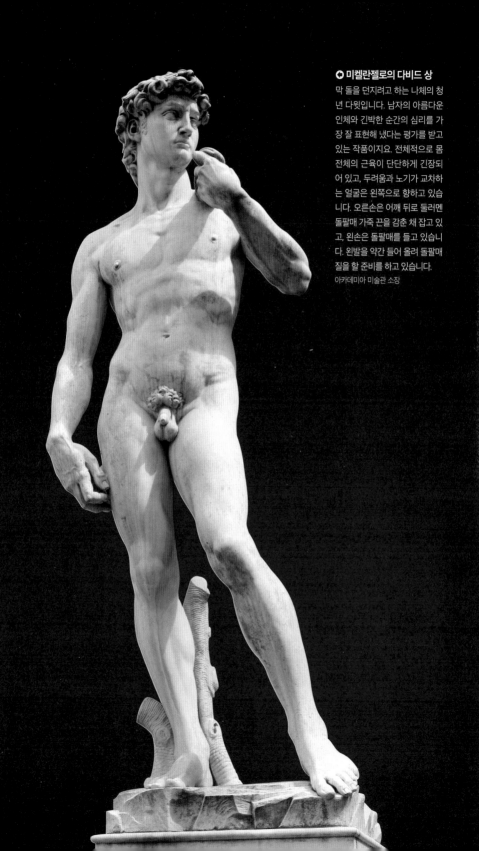

◆ 미켈란젤로의 다비드 상

막 돌을 던지려고 하는 나체의 청년 다윗입니다. 남자의 아름다운 인체와 긴박한 순간의 심리를 가장 잘 표현해 냈다는 평가를 받고 있는 작품이지요. 전체적으로 몸 전체의 근육이 단단하게 긴장되어 있고, 두려움과 노기가 교차하는 얼굴은 왼쪽으로 향하고 있습니다. 오른손은 어깨 뒤로 둘러멘 돌팔매 가죽 끈을 감춘 채 잡고 있고, 왼손은 돌팔매를 들고 있습니다. 왼발을 약간 들어 올려 돌팔매질을 할 준비를 하고 있습니다.

아카데미아 미술관 소장

3,000년 전에 지어진 다윗의 노래는 지금도 여전히 인기가 있습니다. '주님은 나의 목자시니'로 시작하는 「시편」 23편은 아름답고 훌륭한 시라 외워 둘 만합니다. 이 시에서 다윗은 자기 자신을 양에 비유하고 하나님을 목자에 비유했습니다.

세상에서 가장 지혜로운 왕, 솔로몬

만일 여러분 앞에 램프의 요정이 나타나 세상에서 제일 갖고 싶은 것이 무엇이냐고 묻는다면 무엇을 말하겠어요? 다윗의 아들 솔로몬이 왕이 됐을 때, 꿈에 하나님이 나타나 세상에서 제일 갖고 싶은 것이 무엇이냐고 물었습니다. 그러자 솔로몬은 돈이나 권력이 아닌 지혜를 갖고 싶다고 말했고, 하나님은 그를 세상에서 가장 지혜로운 사람으로 만들어 주었습니다. 솔로몬이 얼마나 지혜로운 왕인지 알려 주는 유명한 일화가 있습니다.

옛날 옛적에 두 여인이 아기를 데리고 솔로몬을 찾아와 서로 자기 아기라고 우겼습니다. 솔로몬은 칼을 가져 오라고 명령한 뒤, "아기를 둘로 나눠서 반씩 가져가면 되겠구나."라고 말했습니다. 그러자 한 여인이 울면서 아기를 자르느니 다른 여인에게 주겠다고 했습니다. 이로써 솔로몬은 아기의 진짜 엄마가 누구인지 밝혀내고 아기를 그 여인에게 돌려주었다고 합니다.

헤브라이 왕국의 기틀을 다진 솔로몬 왕은 성전과 궁전을 웅장하고 아름답게 지었습니다. 이를 통해 헤브라이 왕국의 부강함을 이

○ **솔로몬과 시바의 여왕**
시바의 여왕은 솔로몬 왕의 명성을 듣고 그를 시험하고자 값진 선물을 가지고 헤브라이 왕국을 방문합니다. 시바 여왕의 질문에 솔로몬 왕이 거침없이 대답하자 시바 여왕은 솔로몬 왕에게 값비싼 향료와 보석을 선물로 주었고, 솔로몬 왕도 답례로 많은 선물을 주었다고 합니다. 최고 지도자를 통해 나라 간의 교역이 성사된 거예요.

○ 바위의 돔

이슬람 사원 중 가장 오래된 '바위의 돔'(691년 완공)이 예루살렘 성전이 있던 곳에 세워졌습니다. 솔로몬 왕이 지은 제1 성전은 바빌로니아인들에 의해 기원전 586년에 파괴됐고, 기원전 516년에 완성된 제2 성전은 로마 제국이 임명한 헤로데 왕에 의해 기원전 20년경에 재건축이 이뤄졌어요. 기원후 70년 로마의 티투스 황제에 의해 완전히 파괴되었는데, '통곡의 벽'이라고 부르는 서쪽 벽만 남아 있습니다.

웃 나라에게 알리고자 했던 것입니다. 궁전이 어찌나 화려하던지 그것을 구경하기 위해 세계 각지에서 사람들이 몰려들었습니다. 시바의 여왕도 솔로몬이 지은 성전과 궁전을 보려고 멀리 아라비아 땅에서 찾아왔을 정도라고 합니다.

혹시라도 그 궁전이 보고 싶다면, 그것이 기원전 1000년경의 일이라는 사실을 기억하세요. 다시 말해 그 궁전은 이미 오래전에 사라져 버렸고, 그 자리에는 기둥이나 돌멩이 하나도 남아 있지 않습니다. 반면에 솔로몬의 지혜로운 말들은 여러 나라의 말로 남아서 세계 곳곳에서 수많은 사람에게 읽히고 있습니다. 다음은 기원전 1000년경에 솔로몬이 한 말들입니다.

시바의 여왕

시바의 여왕은 『쿠란』에 빌키스(Bilqis)라는 이름으로 기록되어 있다. 그녀는 헤브라이 왕국을 방문한 후 귀국해 아들 메넬리크를 낳았는데, 그가 에티오피아를 건국했다는 전설이 있다. 1세기경 에티오피아 지역을 통일한 악숨 왕국은 이집트, 인도와의 무역을 통해 크게 번영했다.

"부드러운 말은 노여움을 가시게 하고 가혹한 말은 화를 돋우게 한다."

"남이 너를 칭찬하게 하고 네 입으로는 말하지 말라."

나라를 잃고 떠도는 유대인

솔로몬 왕이 죽은 후 헤브라이 왕국 (유대 왕국)은 이스라엘 왕국(기원전 931년경~기원전 722년경)과 유대 왕국 (기원전 931년경~기원전 586년경)으로 분열되었습니다. 이스라엘 왕국은 아시리아의 왕 센나케리브에 의해 멸망하고, 유대 왕국은 신바빌로니아의 왕 네부카드네자르에 의해 멸망했어요. 네부카드네자르는 바빌론을 재건하기 위해 유대인들을 강제로 바빌론으로 이주시키지요. 이것이 그 유명한 바빌론 유수입니다. 신바빌로니아를 멸망시키고 페르시아의 왕이 된 키루스 대왕은 유대인을 가나안으로 돌려보냅니다.

○ 바빌론 유수

기원전 586년 유대 왕국이 멸망하면서 유대인이 바빌로니아의 수도 바빌론에 포로로 잡혀간 것을 말합니다. 기원전 538년 바빌로니아를 정복한 페르시아 제국의 키루스 대왕에 의해 풀려날 때까지 50여 년 동안의 기간을 뜻하기도 합니다. 그림은 제임스 티소의 「포로들의 대이동」입니다.

유대 왕국은 기원전 4세기에는 알렉산드로스 대왕 군대의 통치하에 들어갔고, 기원전 1세기에는 로마의 속주로 편입되었습니다. 유대인들은 로마의 과도한 세금과 폭정에 못 이겨 거세게 저항하기 시작했어요. 로마 지배자의 집에 불을 지르거나 병사들을 공격하기도 했습니다. 그런 일이 반복되자 기원후 70년에 로마의 티투스 황제가 반란을 제압하기 위해 예루살렘 원정에 나섭니다. 이때 유대인의 성지인 예루살렘은 로마 병사들에 의해 불타 버렸습니다.

결국 예루살렘은 완전히 파괴되고, 약 100만 명의 유대인들이 죽었습니다. 로마의 포로 로마노 입구에 서 있는 티투스 개선문은 그의 승리를 기념하기 위해 기원후 81년에 세운 것이에요.

키루스 대왕

기원전 539년 바빌로니아를 정복한 후 '키루스의 원통'이라고 알려진 세계 최초의 인권 선언문을 발표하면서 노예로 잡혀 있던 유대인들을 해방시켰다.

중동 분쟁의 원인은 무엇일까요?

기원후 77년경 이스라엘은 마사다 전투에서 로마에 패배한 후, 지도상에서 흔적도 없이 사라졌습니다. 하지만 제2차 세계 대전이 한창일 무렵, 영국과 비밀 협상을 통해 전쟁 비용을 지원해 주는 조건으로 전쟁이 끝나면 예루살 렘에 이스라엘을 건국할 수 있도록 도와주겠다는 약속을 받아 냈습니다. 약 속대로 전쟁이 끝나자 이스라엘 지도자들은 『구약 성경』에 기록되어 있는 대로 예루살렘은 이스라엘의 땅이라며 각지에 흩어져 살고 있던 유대인들 을 예루살렘으로 이주시켰습니다. 이주와 동시에 건국을 선포했고, 그 땅에 서 2,000년 동안 살아온 팔레스타인인들은 졸지에 땅을 빼앗긴 채 난민이 되고 말았습니다. 이렇게 시작된 분쟁의 씨앗은 네 차례에 걸쳐 중동 전쟁으 로 이어졌고, 오늘날에도 수많은 사람의 아까운 목숨을 앗아가고 있습니다. 물론 팔레스타인의 입장에서 보면 독립운동을 하고 있는 셈이지만, 민간인 의 피해가 크다는 점에서 세계인의 지지를 받지는 못하고 있습니다.

14 알파벳을 만든 사람들 |
페니키아 문명

기원전 1200년경 지중해 동부 연안에 자리잡고 있던 페니키아인은 초기에 쐐기 문자를 사용한 것으로 추측됩니다. 그 후 해상 무역을 통해 강력한 도시 국가로 성장하면서 기원전 약 1000년경에는 22개의 자모로 이루어진 표음 문자를 사용하기 시작했습니다. 페니키아 문자는 가나안 문자에서 비롯된 음소 문자로서 자음만으로 이루어져 있습니다. 훗날 그리스인들이 이 표기법을 채택함에 따라 알파벳의 직접적인 조상이 되었습니다. 만약 페니키아인이 없었다면 현재 서양에서는 알파벳이 아닌 다른 문자를 사용하고 있을지도 모릅니다.

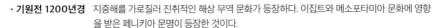

- **기원전 1200년경**   지중해를 가로질러 진취적인 해상 무역 문화가 등장하다. 이집트와 메소포타미아 문화에 영향을 받은 페니키아 문명이 등장한 것이다.
- **기원전 1000년경**   페니키아인이 22개의 자모로 이루어진 고유한 문자 체계를 발명하다. 훗날 그리스인들이 이 표기법을 채택함에 따라 오늘날 로마자 알파벳의 원형이 된다.
- **기원진 600년경**   페니키아의 탐험가 한노가 북회귀선을 넘어 아프리카의 시에라리온에 이르는 신항로를 개척하다. 비로소 대항해 시대가 열리다.

알파벳을 만든 목수의 이야기

카드모스

그리스 신화에서는 카드모스가 아테나 여신에게 세발솥에 페니키아 문자를 적어 바쳤는데, 훗날 이 문자가 그리스 문자의 시초가 되었고, 나아가 알파벳의 창시자로 일컬어지게 되었다고 전해진다.

문자가 발명되기 훨씬 전에 페니키아에 카드모스라는 목수가 살았습니다. 어느 날 그는 연장을 집에 두고 오는 바람에 나무토막에 무언가를 적어 하인에게 주면서 아내에게 전해 달라고 했습니다. 하인은 주인이 시키는 대로 했습니다. 카드모스의 아내는 나무토막을 보더니 한마디도 묻지 않고 하인에게 연장을 건네주었습니다. 깜짝 놀란 하인은 나무토막이 신비한 힘을 발휘해 주인의 말을 전한 것이라고 생각했습니다.

하인은 연장을 받아들고 카드모스에게 돌아가 나무토막을 달라고 졸랐습니다. 그는 나무토막을 목에 걸고 다니면서 주인처럼 마법을 부리려고 노력했다고 합니다.

이는 그리스에서 전해 오는 알파벳을 만든 사람에 관한 이야기입니다. 이 이야기 속에서 드러나 있듯이 카드모스가 페니키아인이라는 점을 감안하면 그리스 문자는 페니키아 문자에서 영향을 받은 것이 틀림없습니다.

페니키아라는 나라의 이름을 처음 들어 본 학생도 있을 거예요. 페니키아가 없었다면 지금쯤 학교에서 상형 문자나 쐐기 문자로 읽고 쓰는 법을 배우고 있을지도 모를 일입니다. 이전까지만 해도 이집트에서는 그림을 그려야 했고, 바빌로니아에서는 닭이 지나간 발자국 같은 문자를 사용했거든요.

페니키아인이 만든 알파벳은 22개의 자음으로 이루어져 있고, 이 문자에서 영어의 알파벳이 나왔습

❍ 용과 싸우는 카드모스

그리스 신화에서는 페니키아의 왕자인 카드모스가 암소가 눕는 자리에 도시를 건설하라는 신탁을 받고 테베를 세운 인물로 나옵니다. 도자기의 그림은 용과 싸우는 장면입니다. BC 560년.

니다. 하지만 영어의 알파벳이 페니키아인이 쓰던 문자와 똑같다는 뜻은 아닙니다. 물론 그중에 A, E, Z, O 등은 3,000년이 지난 지금도 비슷한 형태를 유지하고 있습니다.

A	T	P
B	Y	C
G	K	Q
D	L	R
E	M	Š, š
W	N	T
Z	S	
H	O	

장사꾼 페니키아인

페니키아인은 유대인과 이웃입니다. 같은 셈족에서 갈라져 나온 민족이었거든요. 솔로몬 왕이 헤브라이를 다스리던 시대에 페니키아는 히람 왕이 다스리고 있었는데, 두 왕은 동맹 관계에 있었습니다. 그래서 히람 왕은 솔로몬 왕이 예루살렘에 성전을 지을 때 뛰어난 일꾼을 파견하기도 했습니다. 하지만 종교는 달랐습니다. 유대인은 하나님을 숭배했지만, 페니키아인은 바알과 몰록이라는 우상을 숭배하면서 아이들을 산 채로 불에 태워 제물로 바쳤습니다. 이건 실제로 있었던 일입니다.

같은 셈족이지만 신앙심이 깊은 유대인과 달리 페니키아인은 장사꾼 기질이 강했습니다. 페니키아인은 언제나 돈, 돈, 돈 하면서도 그 돈을 정직하게 벌 생각을 하지 않았습니다. 요즘 상인들은 정직하지 않으면 성공하지 못한다는 사실을 잘 알고 있지만, 페니키아인은 장사를 할 때 늘 속임수를 썼던 거예요.

페니키아인은 아름다운 천을 비롯해 유리와 금, 은, 상아 등을 다루는 법을 누구보다 잘 알고 있었습니다. 또 티레라는 도시 근처의 바닷가에서 쉽게 구할 수 있는 작은 조개에서 아름다운 자줏빛 염료를 얻는 비법도 알았습니다. 이 염료는 도시 이름을 따서 티리언 퍼플이라고 하고, 색이 매우 아름다워서 왕의 예복을

❖ 페니키아 알파벳
오늘날의 알파벳은 가나안의 노예들과 페니키아의 상인들이 이집트 상형 문자를 축약하고 변형한 것에서 그 기원을 찾을 수 있습니다. 그래서 페니키아 문자 가운데 일부는 오늘날의 알파벳과 모양이 비슷합니다.

만들 때 사용하기도 했습니다.

티레와 시돈은 한때 세계에서 가장 번화한 도시였습니다. 페니키아인들은 교역을 하기 위해 배를 타고 지중해 전역을 돌아다녔고, 때로는 지중해를 벗어나 대서양까지 나갔기 때문입니다. 대서양으로 들어가는 입구를 지금은 지브롤터 해협이라고 하지만 당시에는 헤라클레스의 기둥이라고 했습니다. 그들은 배를 타고 멀리 브리타니아 섬까지 갔습니다. 당시에 다른 민족은 배를 타고 그렇게까지 멀리 항해할 엄두를 내지 못했습니다. 잘못하다 세상의 끝에 이르러서 굴러떨어질까 두려웠던 거예요. 페니키아인은 그런 두려움이 없었기 때문에 당시 세계에서 가장 훌륭한 뱃사람이자 뛰어난 장사꾼이 될 수 있었습니다.

페니키아인은 배를 댈 수 있는 항구만 있으면 어디든지 작은 도시를 세우고 원주민과 교역을 시작했습니다. 그만큼 이문을 많이 남길 수 있었기 때문입니다. 예를 들어 값싼 유리구슬이나 자줏빛으로 염색한 옷감을 값비싼 금이나 은으로 바꿨거든요. 아프리카 연안에서 이렇게 만들어진 식민 도시 중 하나가 카르타고입니다. 메소포타미아와 이집트 문명은 페니키아 사람들을 통해 그리스로 전파되었습니다. 페니키아는 기원전 6세기 초에 아시리아와 리디아의 협공을 받아 점차 쇠퇴했어요. 🏺

○ 바알 신상
바알은 농업 공동체였던 고대 가나안인들이 숭배하던 풍요와 폭풍우의 남성 신입니다. BC 14세기~12세기경. 루브르 박물관 소장

알파벳 문자가 등장하게 된 배경은 무엇일까요?

일반적으로 한자처럼 기호와 뜻이 밀접한 관련이 있는 표의 문자는 뜻을 전달하기 위해 수많은 기호가 필요하지만, 한글이나 영어처럼 기호와 뜻이 아무런 관련이 없는 표음 문자는 뜻을 전달하기 위해 몇 개의 기호만 있으면 됩니다. 실제로 한글은 자모 24개, 영어는 알파벳 26개로 이루어져 있습니다. 이러한 문자를 알파벳 문자라고 합니다. 일찍이 지중해를 무대 삼아 교역을 활발하게 했던 페니키아인들은 거래 내용을 상세하게 기록하기 위해 문자가 꼭 필요했습니다. 하지만 이집트의 상형 문자나 메소포타미아의 쐐기 문자는 너무 글자 수가 많고 쓰기도 불편했습니다. 그래서 보다 편리한 문자 체계를 고안할 필요가 있었고, 그 결과 22자의 자음만으로 이루어진 알파벳 문자가 탄생했습니다. 페니키아인들이 만든 글자는 소리 나는 대로 표기하는 소리글자였기 때문에 배우기도 쉬웠고, 어떤 말이든지 어렵지 않게 기록할 수 있었습니다.

15 영원한 앙숙 |
그리스의 역사

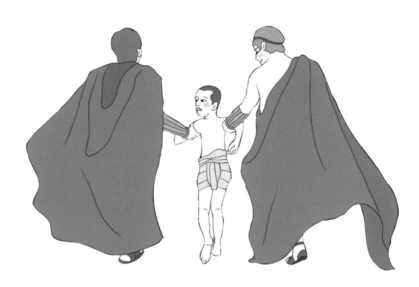

아 테네와 스파르타는 서양 문명의 뿌리인 고대 그리스의 양대 산맥
으로서 공통점이 없는 것은 아니지만 차이점이 더욱 많습니다. 두
나라 모두 신체를 단련하는 일을 국민 생활의 일부이자 사회를 통합하는
활동으로 적극 활용했다는 점에서는 같지만, 민주정의 나라와 과두정의
나라라는 정치적인 토대가 달랐습니다. 이와 관련해 고대 그리스의 유명
한 정치가이자 변론가인 데모스테네스는 "아테네와 스파르타의 근본적인
차이점은 아테네인에게는 스파르타의 체제를 찬양할 자유가 있으나, 스파
르타인에게는 스파르타 이외의 체제를 찬양할 자유가 없다는 점이다."라
고 말했습니다. 아테네와 스파르타는 가깝지만 먼 나라였던 거예요.

- **기원전 900년경** 고대 스파르타의 입법자 리쿠르고스가 태어나다. 고대 스파르타 제도의 대부분을 만든 인물이지만 실존 인물인지 아닌지 확실치 않다.
- **기원전 470년경** 가난한 조각가와 산파 사이에서 소크라테스가 태어나다. 비교적 늦은 나이에 크산티페와 결혼해 세 아들을 낳다.
- **기원전 428년경** 부유한 귀족의 가문에서 플라톤이 태어나다. 이 시기에 한반도에서는 철기 문화가 널리 보급되다.

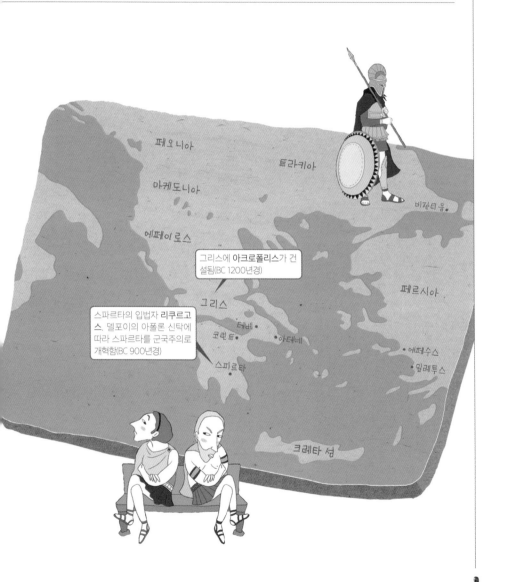

그리스에 **아크로폴리스**가 건설됨(BC 1200년경)

스파르타의 입법자 **리쿠르고스**, 델포이의 아폴론 신탁에 따라 스파르타를 군국주의로 개혁함(BC 900년경)

사자처럼 자라는 스파르타의 아이들

기원전 약 900년경에 스파르타에는 리쿠르고스라는 사람이 있었습니다. 그는 스파르타를 위대한 도시 국가로 만들기 위해 여러 나라를 돌아다니며 강한 나라를 만드는 비결을 배웠습니다. 그가 깨달은 교훈은 간단했습니다. 먹이를 풍족하게 주고 키운 개보다 먹이를 스스로 찾아 먹도록 만든 개가 더욱 강하다는 것입니다.

☥ 리쿠르고스
고대 스파르타의 전설적인 입법자로 알려진 리쿠르고스는 델포이의 아폴론 신탁에 따라 스파르타를 군국주의로 개혁했습니다.

스파르타로 돌아온 리쿠르고스는 가장 먼저 엄격한 법률을 제정했습니다. 그의 손에 의해 스파르타의 모든 제도가 만들어 진 셈이에요. 그가 만든 법률에 따라 스파르타는 강한 '전사'의 도시로 성장했습니다. 도시가 안정되자 누군가 도시에 성벽을 쌓자고 제안했을 때, 리쿠르고스는 스파르타의 시민이 곧 성벽이라고 말했습니다. 그만큼 강인한 나라가 된거예요.

그가 실시한 여러 가지 개혁 가운데 가장 눈에 띄는 것은 스파르타식 교육법입니다. 스파르타식 교육이란 사자가 새끼를 언덕 위에서 떨어뜨려 살아남는 새끼만 키우는 것과 비슷합니다. 그가 정한 법률에 따라 스파르타에서는 아기가 태어나면 건강 상태를 검사해서 허약한 아기들은 타이게투스 산에 버리도록 했습니다. 강한 전사의 나라에 허약한 시민은 필요 없다고 생각했기 때문입니다.

그렇게 자란 아기가 일곱 살이 되면 국가에서 운영하는 군대와 같은 교육 기관에 들어가 예순 살이 될

○ 훈련 중인 스파르타 아이들

에드가 드가의 작품입니다. 어른들이 지켜보는 가운데 스파르타 아이들이 편을 나누어 훈련에 열중하고 있습니다.

때까지 공동생활을 해야 합니다. 고통을 참는 법을 가르치기 위해 심한 매질을 했는가 하면, 강인한 전사로 만들기 위해 아무리 배가 고파도 배불리먹지 못하도록 했고, 아무리 추워도 옷을 따뜻하게 입지 못하도록 했습니다. 감정을 쉽게 드러내는 것도 금기였습니다. 함부로 울 수 도 없었습니다. 이 모든 것이 훈련의 과정이었습니다. 리쿠르고스는 사치가 사람을 나약하게 만들 뿐이라고 생각했던 모양이에요. 이런 식으로 시민을 강인하게 만드는 훈련을 스파르타식이라고 합니다. 여러분은 스파르타식 교육을 받아 본 적이 있나요? 스파르타의 전사들이 신체 단련에만 치중한 것은 아니었습니다. 되도록 짧고 간결하게 말하도록 훈련을 받았습니다. 이를 라코니아식이라고 부릅니다.

언젠가 이웃 나라의 왕이 스파르타에 항복할 것을 요구하는 협박 편지를 써서 보낸 일이 있었습니다. 만약 항복하지 않는다

◆ 라코니아 스타일의 청동 말과 창을 던지는 사람

스파르타의 '청동 말'과 '창을 던지는 사람'입니다. 그야말로
사물의 특징만 살린 간결한 작품이지요. 정밀한 아테네의
미술품에 비하면 단순해 보이지만 한편으로 불필요한 것은
모두 생략한 현대 미술품 같아 보이지는 않나요?
BC 740년경.

면 스파르타에 쳐들어와 도시를 파괴하고 백성들을 모두 노예로 만들겠다는 내용이었습니다. 이에 스파르타의 전령이 답장을 가져왔는데 그 편지를 열어 보니 단 두 글자만 적혀 있었습니다.

"와 봐!"

요즘도 이런 식으로 요점만 간단히 답하는 것을 일컬어 라코니아식 대답이라고 합니다.

학문과 예술을 사랑한 아테네

아테네인들은 공동체 속에서 자유로운 생활을 누리며 인간과 자연에 대해 합리적으로 생각할 수 있었습니다. 무엇보다 토론 문화에 익숙했기 때문에 자연히 사물을 합리적으로 판단할 수 있었던 거예요. 그 결과 아테네는 학문과 예술의 도시로서 고대 문명의 중심지가 될 수 있었습니다.

라파엘로의 「아테네 학당」은 세계 최초의 대학을 상상해 그린 것으로서 그림 속에는 모두 54명의 위대한 철학자와 수학자, 천문학자 등이 그려져 있습니다. 사실 그들은 시인이자 음악가이기도 했습니다. 이처럼 소크라테스의 고향인 아테네에서는 플라톤의 아카데미아로부터 아테네 학파와 알렉산드리아 학파로 이어지는 지식의 계보를 이어 갔습니다.

전사의 도시 스파르타가 규칙을 중시했다면 예술의 도시 아테네는 아름다움을 중시했습니다. 그리스인들은 특히 조화와 균형의 미를 강조했어요. 실례로 머리가 인체에서 차지하는 비율이 얼마나 돼야 가장 아름다울까 궁리하다가 얼굴과 몸 전체의 비율이 1:8이 되는 것이 가장 보기 좋다는 사실을 알아내기

「아테네 학당」

라파엘로의「아테네 학당」에 등장하는 인물에 대해서는 이론의 여지가 있으나 대체로 다음과 같이 해석됩니다. 현실주의자.

❶ 아리스토텔레스는 땅을 가리키고 있고, 이상주의자. ❷ 플라톤은 하늘을 가리키고 있으며, ❸ 소크라테스는 손가락으로 자신의 주장을 일일이 헤아리고 있습니다. ❹ 알키비아데스(혹은 알렉산드로스 대왕)는 소크라테스의 말에 매료되어 듣고 있군요. 지구의를 들고 있는 사람이 ❺ 프톨레마이오스이고, 턱수염을 기른 얼굴로 별자리 본을 들고 있는 사람은 ❻ 자라투스트라입니다. 책을 보고 있는 사람은 ❼ 피타고라스이고, 컴퍼스를 들고 기하학을 가르치고 있는 사람은 ❽ 유클리드입니다. 불편하게 앉아 책상에서 뭔가 쓰고 있는 사람이 ❾ 헤라클레이토스이고, 넘어져 있는 반라의 사람은 ❿ 디오게네스입니다. 그리고 자라투스트라와 프톨레마이오스 오른쪽에 얼굴만 나온 사람이 ⓫ 라파엘로입니다. 라파엘로는 스스로를 위대한 사람들의 반열에 올려놓은 거예요.

도 했습니다. 이것이 바로 황금 비율인데, 여기서 '팔등신 미녀'라는 말이 만들어지게 되었어요. 아테네인들은 운동 못지않게 음악과 시, 조각, 그림, 건축 등 이른바 '예술'로 간주되는 활동에도 관심이 많았습니다.

그리스인들의 합리적인 태도는 철학의 발달에 이바지했습니다. 기원전 6세기경에 자연 철학자라고 불리는 사람들이 등장해 만물의 근원을 밝히기 위해 노력했어요. 최초의 자연 철학자로 꼽히는 탈레스는 만물의 근원은 물이라고 주장했고, 데모크리토스는 원자, 엠페도클레스는 공기·흙·물·불이라고 주장했어요. 아리스토텔레스는 탈레스를 '철학의 아버지'라고 칭했습니다. 플라톤의 기록에 따르면 탈레스가 밤에 별을 보며 걷다가 우물에 빠졌는데, 이것을 본 영리한 하녀가 "하늘의 이치를 알려고 하면서 바로 앞의 우물은 보지 못하시는군요!"라고 비웃었다고 합니다.

두 나라의 차이를 가장 잘 보여 주는 이야기가 있습니다. 아테네인과 스파르타인이 한데 모여 앉아 있는 곳에 노인이 나타나 앉을 자리를 찾았습니다. 먼저 아테네 쪽을 기웃거렸지만 아무도 자리를 양보하는 사람이 없었습니다. 그러자 스파르타 쪽에서 노인을 불러 자리를 내주었습니다. 아테네인은 스파르타인의 이 행동을 보고 참으로 훌륭하다며 칭찬을 아끼지 않았습니다. 그러자 스파르타인이 이렇게 말했습니다.

"아테네 사람들은 무엇이 옳은지 잘 알고 있지만, 그것을 행동으로 옮기지는 않는군요."

○ 아리스토텔레스와 플라톤

라파엘로의 「아테네 학당」의 일부입니다. 현실주의자 아리스토텔레스는 땅을 가리키고 있고, 이상주의자 플라톤은 하늘을 가리키고 있습니다. 아리스토텔레스는 알렉산드로스의 스승으로, 세상의 모든 지식을 책으로 남겼습니다.

생각해
보세요

스파르타인은 태어나는 것이 아니라 만들어진 것 이라는 말이 있습니다. 이말의 뜻은 무엇일까요?

스파르타의 전설적인 건국 영웅 리쿠르고스는 아이가 태어나면 제일 먼저 레스케(leskhe)라는 곳에서 아이가 신체적으로 건강한지 확인한 뒤 장애가 있거 나 허약한 아이는 아포테타이(Apothetai)라는 곳에 버리도록 명문화된 법을 만 들었습니다. 지금으로서는 믿을 수 없는 일이지만, 스파르타에서는 건강한 아이 만 키울 수 있었습니다. 아무리 건강한 아이라고 하더라도 배불리 먹이지 않았고, 따뜻하게 입히지 않았습니다. 심지어 짐승에게 물려도 눈물을 흘리지 않는 강한 아이로 키웠어요. 그것도 잠시뿐이었습니다. 아이가 일곱 살이 되면 집을 떠나 아 고게(agoge)라는 곳에 들어가 14년 동안 집단생활을 해야 했습니다. 이처럼 스파르타의 교육은 국가가 통제하는 철저한 공교육 중심으로 이루어졌고, 그 궁극적인 목적은 '용감한 전사'를 배출해내는 데 있었습니다.

16 올림피아 제전 |
그리스의 문화

펠로폰네소스 서쪽에 자리 잡은 '신성한 땅' 올림피아는 고대 그리스
인들이 4년마다 모여 제우스에게 제사를 지내던 곳입니다. 올림픽
경기는 단순한 운동 경기가 아니라 자신의 몸을 단련해 신에게 바치는 종
교적인 의미가 컸기 때문에 흔히 올림피아 제전이라고도 합니다. 올림픽
경기에는 각 도시 국가의 대표들이 출전해 자기 도시의 명예를 걸고 승부
를 겨뤘습니다. 최후의 승자에게는 젊음과 생명의 신 아폴론을 상징하는
나무인 월계수로 관을 만들어 수여했습니다. 올림피아 제전은 기원전 776
년경에 시작되어 기원후 393년까지 무려 1,100여 년 동안 한 번도 거르지
않고 열렸지만, 그리스가 로마의 지배를 받게 되면서 점차 쇠락했습니다.

- **기원전 776년경** 고대 그리스인들이 올림피아 제전이라는 이름으로 4년마다 한 번씩 올림피아에 모여 제우스에게 제사를 지내고 체육 대회를 벌이다.
- **기원후 393년경** 로마의 테오도시우스 1세에 의해 기독교가 국교로 인정받아 이교(異敎)의 제전인 올림피아 제전은 393년 제293회 대회를 끝으로 막을 내리다.
- **기원후 1896년경** 프랑스의 쿠베르탱에 의해 근대 올림픽 대회가 부활하다. 이 시기에 우리나라에서는 배재 학당이 축구를 정식 운동회 경기 종목으로 채택하다.

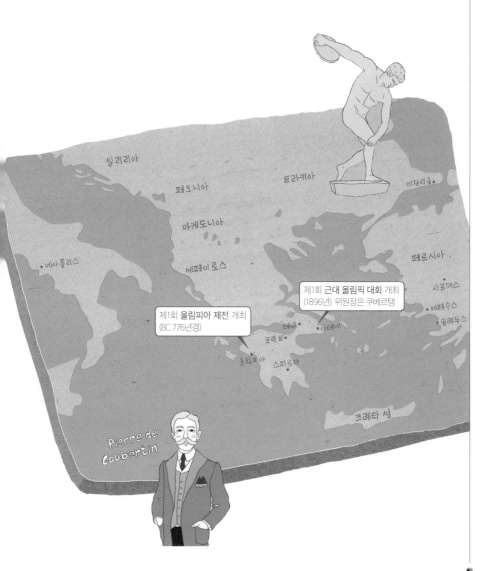

제1회 근대 올림픽 대회 개최 (1896년). 위원장은 쿠베르탱

제1회 올림피아 제전 개최 (BC 776년경)

Pierre de Coubertin

월계수 잎으로 만든 '월계관'

고대 그리스에서는 남녀노소를 가리지 않고 누구나 운동 경기를 좋아했습니다. 하지만 오늘날처럼 공을 활용하는 축구나 농구, 야구가 아니라 맨몸을 활용하는 경기가 태반이었습니다. 전사의 능력을 과시하는 의미가 컸기 때문이에요. 오늘날의 관점에서 보면 마라톤이나 레슬링, 원반던지기 등의 능력을 겨룬 셈이죠.

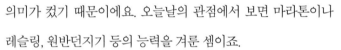

⊙ 월계관
고대 올림피아 제전에서는 아폴론을 상징하는 월계수 잎과 가지로 만든 관을 승자에게 씌워 주어 명예의 표지로 삼았습니다.

그리스인에게 올림피아 제전은 가장 중요한 행사였습니다. 사실 그리스 곳곳에서는 1년 내내 경기가 치러졌습니다. 이 경기의 우승자들이 모여 4년마다 우열을 가리던 것이 바로 올림픽의 기원입니다. 올림피아 제전이 치러진 초여름의 닷새 동안 그리스 전체는 축제의 분위기였습니다. 그리스 전역에서 올림피아 제전에 참여하기 위해 수많은 사람이 모여들었기 때문입니다. 오늘날의 월드컵을 한번 상상해 보세요.

이 올림피아 제전에는 죄를 짓지 않은 그리스 남자만 출전할 수 있었습니다. 외국인이나 여자, 노예는 출전할 수 없었습니다. 심지어 결혼한 여자들은 구경하는 것조차 불가능했습니다. 고대 그리스인들은 남자만이 인간의 권리를 온전히 가질 수 있다고 생각했던 모양이에요.

전쟁도 올림피아 제전을 막지 못했습니다. 휴전을 선포하고 경기에 참석했을 정도라고 합니다. 경기 종목으로는 달리기, 멀리뛰기, 레슬링, 권투, 전차 경주, 원반던지기 등이 있었고, 5종 경기도 빼놓을 수 없습니다. 사실 5종 경기란 사냥꾼이 맹수를 사냥하는 모습을 본떠서 만든 경기입니다. 달리고 던지고 맞붙어 싸우는 것은 사냥꾼의 기본적인 능력이었던 거예요.

속임수를 쓴 선수는 퇴장당했고, 다시는 경기에 출전할 수 없었습니다. 그만큼 명예를 중요하게 생각했기 때문입니다. 이것이 바로 올림픽에서 강조하는 스포츠 정신입니다. 경기에서 승리한 선수는 지나치게 우쭐대지 않았습니다. 경기에서 패배한 선수는 핑계를 대지 않았고, 항상 판정에 순종했으며 항의하는 일이 없었습니다.

올림픽 우승자는 곧 영웅이었습니다. 최고의 찬사로서 월계관을 씌워 주었고, 시인은 아름다운 시로 그를 찬양했으며, 조각가는 조각을 했습니다. 올림피아 제전에서는 운동 경기만 열리는 것이 아니라 시인이나 음악가들도 재주를 겨루었습니다. 여기서 우승하면 사람들의 어깨에 올라타고 행진할 수 있었습니다. 요즘 경기에서 이기면 선수들이 팀의 주장을 들어 올려 어깨에 태우는 것과 비슷합니다.

❶ 올림피아 유적지
올림피아는 고대 올림피아 제전이 열리던 그리스의 옛 도시입니다. 근대 올림픽 대회의 성화가 이곳에서 채화됩니다. 흔히 알고 있는 올림포스 산은 해발 2,900미터 높이의 산으로 올림픽 평원을 가리키는 올림피아와 다른 곳입니다.

◎ 고대 5종 경기

5종 경기(원반던지기, 창던지기, 달리기, 레슬링, 멀리뛰기)는 사냥꾼이 맹수를 사냥하는 모습을 본떠서 만든 경기입니다. 달리고 던지고 맞붙어 싸우는 것은 사냥꾼의 기본적인 능력이었지요.

◑ 원반 던지는 사람

그리스 조각가 미론의 '원반 던지는 사람'을 복제한 로마 시대의 작품입니다. 미론은 당시의 조각에서 제대로 표현되지 않았던 육체의 순간적인 움직임까지 박진감 넘치게 표현했을 뿐 아니라 미묘한 감정까지 표출해 냈습니다. 오늘날까지 남아 있는 그의 작품은 없으나 '원반 던지는 사람'은 그의 작품을 그대로 옮긴 것으로 알려져 있습니다.

◑ 창 던지는 사람

1세기경 로마 시대에 청동으로 제작된 '창 던지는 사람'입니다. 주인공이 누구인지는 정확히 알려져 있지 않지만, 이 청동상은 운동 경기나 전쟁에서 승리한 사람을 기념해 만들어졌습니다. 근육질 남자의 전형적인 모습을 포착한 것이 특징입니다.
메트로폴리탄 박물관 소장

올림피아 제전의 부활

그리스의 역사가 티마이오스는 올림피아 제전이 치러지는 매 4년을 기준으로 연대를 구분하기 위해 올림피아기(紀)라는 개념을 도입했습니다. 따라서 기원전 776년이 첫 번째 올림피아기에 해당하는데, 그 이전의 역사는 신화로, 그 이후의 역사는 사실로 인정받고 있습니다.

올림피아 제전이 중단된 지 오랜 시간이 흐른 뒤, 프랑스의 교육 학자인 피에르 쿠베르탱은 근대적인 교육 방법의 일환으로 올림픽 대회의 부활을 주장했습니다. 어쩌면 그가 군인 가문에서 태어났기 때문에 그런 생각을 했을지도 모릅니다. 그 결과 1896년에 근대 올림픽 대회가 다시 개최되었습니다. 하지만 모든 것이 달라졌습니다.

고대 올림피아 제전은 그리스에서만 열렸지만, 근대 올림픽 대회는 매번 다른 나라에서 열립니다. 또한 고대에는 그리스 남자들만 출전할 수 있었지만 오늘날에는 세계 각국의 남녀 선수들이 모두 출전할 수 있습니다. 무엇보다 가장 크게 달라진 점이 있다면 고대에는 대회가 시작되면 전쟁이 중단되었지만 오늘날에는 전쟁이 시작되면 대회가 중단됩니다.

앞서 설명한 각 민족의 역사를 감안하면 스파르타 선수들이 월계관을 휩쓸 것이라고 생각하기 쉬운데 새로운 올림픽 대회에서는 어떤 일이 벌어졌을까요? 지금은 스파르타는 고사하고 그리스 선수들조차도 우승하지 못합니다.

○ 올림피아 제전의 우승자
올림피아 제전의 우승자가 머리에 승리를 의미하는 리본을 매고 있습니다.
BC 440년.

올림픽 대회가 부활된
가장 큰 이유는 무엇일까요?

고대 그리스인에게 올림피아 제전은 모든 신과 인간의 아버지인 제우스에게 바치는 제전 경기의 하나로서 종교와 예술, 군사 훈련이 조화를 이룬 헬레니즘 문화의 결정체였습니다. 무려 1,200년 동안 지속된 올림피아 제전은 그리스를 점령한 로마 제국의 테오도시우스 황제가 이교도의 종교 행사를 폐지하라는 칙령을 선포함으로써 제293회를 마지막으로 막을 내렸습니다. 그 후 약 1,500년 동안 중단되었던 올림픽 대회는 프랑스의 교육학자인 쿠베르탱의 헌신적인 노력으로 부활되었습니다. 그의 의도는 '프랑스-프로이센 전쟁'의 패배로 사기가 꺾인 프랑스 청소년들에게 용기와 희망을 북돋아 주고, 스포츠를 통해 전 세계 청소년들이 상호 이해와 우정을 다짐으로써 세계 평화를 이룩하려는 데 있었습니다.

17 왕은 오직 하나다 |
로마의 역사

로마 건국 전설에 등장하는 알바롱가의 아물리우스는 자신의 형인 누미토르에게서 왕위를 찬탈한 다음, 그의 조카인 레아 공주를 평생토록 처녀로 살게 했습니다. 하지만 레아가 전쟁의 신 마르스 사이에서 로물루스와 레무스라는 쌍둥이를 낳자, 두 아이를 광주리에 넣어 티베르 강(지금의 테베레 강)에 내다 버렸습니다. 하지만 두 아이는 죽지 않고 늑대의 젖을 먹고 자란 다음, 결국 아물리우스에게 복수합니다. 이후 형제는 로마의 건국을 둘러싸고 서로 권력을 다투었습니다. 한 하늘에 두 개의 태양이 뜰 수 없듯이 한 나라에 두 명의 왕이 있을 수 없다고 생각한 거예요. 결국 형인 로물루스가 동생 레무스를 죽이고 로마의 왕이 되었습니다.

- **기원전 753년** 로물루스가 로마를 건국하다. 이보다 앞선 시기인 기원전 800년경에 고조선은 요하 유역의 왕검성을 수도로 정하다.

- **기원전 700년** 로마와 사비니족이 전쟁을 치르다. 이때 이루어진 사비니 여성의 납치와 겁탈은 다비드와 피카소의 그림 소재가 되다.

- **기원후 476년** 서로마 제국이 멸망하다. 서로마 제국의 마지막 황제는 로물루스 아우구스툴루스다. 로물루스로 시작해서 로물루스로 끝이 난 것이다. 이 시기에 우리나라에서는 고구려가 백제의 수도 한성을 함락하다.

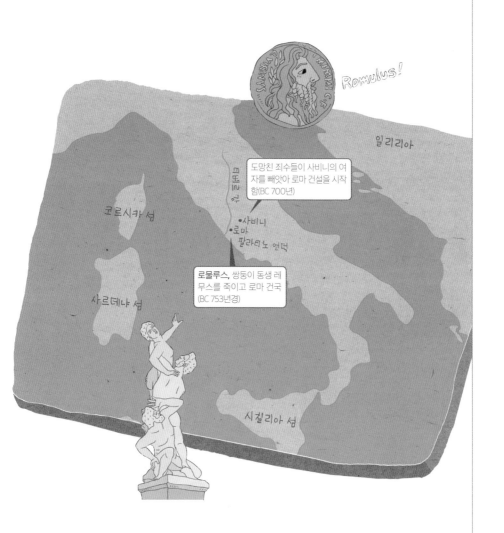

늑대의 아들

한 걸음에 몇 킬로미터씩 갈 수 있는 마법의 신발 이야기를 들어본 적이 있나요? 그런 신발이 있다면 정말 신기하겠죠? 그런데 그것보다 더 신기한 신발이 있습니다. 지중해에는 길이가 무려 800킬로미터가 넘는 커다란 장화가 있거든요. 이 장화를 보려면 비행기를 타야 합니다. 앞 장의 지도를 보세요. 신발이 보이죠? 그곳이 바로 이탈리아입니다.

첫 번째 올림피아기가 끝난 지 얼마 되지 않아서 이탈리아에서는 중요한 사건이 일어났습니다. 로마라는 새로운 도시가 태어난 거예요. 그리스와 마찬가지로 로마도 신화나 전설로부터 시작합니다. 호메로스가 오디세우스의 모험을 노래했듯이 베르길리우스는 아이네아스라는 트로이 영웅의 모험담을 노래했습니다.

◐ 로마의 건국 신화를 묘사한 조각상
신탁을 받은 형 로물루스는 동생 레무스를 죽이고, 일곱 개의 언덕이 있는 티베르 강가에 도시를 세웠습니다. 로물루스는 그곳을 자기 이름을 따서 로마라고 불렀습니다.

호메로스의 『일리아드』에 따르면, 트로이 왕족 안키세스와 아프로디테 사이에서 태어난 아이네아스는 트로이 전쟁에서 그리스군에 대항해 사촌 헥토르에 버금가는 용맹을 떨쳤습니다. 아이네아스는 트로이가 함락되기 전에 그의 추종자들과 함께 새로운 땅을 찾아 길을 떠났어요. 그는 방랑 끝에 이탈리아 티베르 강어귀에 새로 정착했습니다.

아이네아스의 후손은 로마의 남동쪽에 정착해 살았는데, 누미토르와 아물리우스라는 형제가 씨족의 상속권을 놓고 다툼을 벌였어요. 동생인 아물리우스는 누미토르의 장자 상속권을 무시하고 무력을 써서 씨족의 우두머리가 되었어요. 아물리우스는 누미토르 집안의 씨를 말리기 위해 형의 딸 레아 실비아를 베스타 신전의 신녀로 삼았지요. 베스타 신전의 신녀는 여사제라는 종교적 지위 덕분에 존경을 받았지만, 평생 동정을 지킬 의무가 있었거든요. 처녀의 몸으로 임신한 실비아는 쌍둥이 아들 로물루스와 레무스를 낳았어요. 미혼모 실비아는 난처한 처지에서 벗어나기 위해 아이들의 아버지를 마르스 신이라고 변명했습니다.

쌍둥이가 태어날 즈음에 아물리우스는 두 아이가 자라서 잃어버린 왕국을 되찾을까 봐 두려운 나머지 쌍둥이를 광주리에 담아 티베르 강에 내다 버렸습니다. 멀리 바다로 떠내려가거나 광주리가 뒤집혀 물에 빠져 죽기를 바랐던 거예요. 자기 손으로 죽인 게 아니니까 나쁜 짓이 아니라고 생각했던 모양이죠.

광주리는 어느 강변에 닿았고 어미 늑대가 쌍둥이를 발견해

✪ 베르길리우스

로마의 국가 서사시 『아이네이스』의 저자입니다. 로마의 시성이라 불릴 만큼 뛰어난 시인으로 이후 전 유럽의 시성으로 추앙받게 되었습니다. 단테가 저승의 안내자로 선정할 만큼 위대한 시인이었어요.

제 자식인 양 젖을 먹여 키웠습니다. 딱따구리도 산딸기를 따다 주었습니다. 그러다가 어느 양치기가 발견해서 어른이 될 때까지 친자식처럼 길렀습니다. 부모의 손에 의해 버려진 자식을 양치기가 길렀다는 트로이 왕자 파리스의 이야기와 비슷하지 않나요?

쌍둥이는 새로운 도시를 건설하고 싶었습니다. 하지만 의견이 맞지 않아 형제 간에 다투는 일이 많았습니다. 결국 열두 마리의 독수리가 날아오르는 신탁을 받은 형 로물루스가 동생 레무스를 죽이고, 늑대의 젖을 먹고 자란, 일곱 개의 언덕이 있는 티베르 강가에 도시를 세웠습니다. 이는 기원전 753년경의 일입니다. 로물루스는 그곳의 이름을 자기 이름을 따서 로마라고 불렀습니다.

늑대와 딱따구리
전쟁의 신 마르스를 상징하는 동물이다.

팔라티노 언덕
❶ 로마를 건설한 로물루스가 티베르 강 동쪽 연안의 팔라티노 언덕을 로마의 경계로 삼았습니다.

콘스탄티누스 개선문
❷ 312년 서로마 통일을 기념하기 위해 원로원이 건조해 봉헌했습니다.

이러한 건국 신화에 근거해 모든 로마의 왕들은 자신이 트로이의 영웅인 아이네아스의 자손이라고 주장했습니다. 이 이야기가 사실 일까요? 글쎄요. 믿기 힘든 이야기지만, 분명 그런 이야기가 전해져 오고 있는 것은 사실입니다.

추악한 출발

로물루스는 새로운 도시에 사람들을 모으기 위해 신분 제도를 철폐하고, 도둑이나 살인자를 가리지 않고 로마에 와서 살면 안전을 보장해 주겠다고 약속했습니다. 더욱이 로마 건국 초기에는 전쟁을 통해 영토를 넓혀야 했기 때문에 로마 시민 대다수가 남자들뿐이었습니다. 그래서 여자가 부족했던 로마에서는 큰 잔치를 열어 이웃의 사비니 지방에 사는 사람들을 로마로 초대

티투스 개선문
❸ 예루살렘과의 전쟁에서 승리한 것을 기념하기 위해 세웠습니다.

포로 로마노
❹ 티투스 개선문을 지나면 고대 로마의 중심지인 포로 로마노로 들어갈 수 있습니다.

한 다음, 여인들만 붙잡아 두고 남자들을 모두 쫓아 버렸습니다.

사비니의 남편들은 아내를 훔쳐 간 로마인과 싸우기 위해 전쟁을 준비했습니다. 전쟁이 시작되자 사비니의 여인들은 새로운 남편과 예전의 남편이 싸우는 전쟁터 한복판으로 달려가 싸움을 멈춰 달라고 간청했습니다. 여인들은 이제 새로운 남편을 사랑하게 됐으니 예전의 집으로 돌아가지 않겠다고 한 거예요.

새로운 도시를 건설한 이야기치고 참으로 추악하지 않나요? 그 후 로마가 어떻게 됐는지 궁금하죠? 로물루스는 동생을 죽이고 죄수들을 끌어모아 이웃의 아내까지 훔쳐서 도시를 세운 다음 37년간 로마를 다스리다가 갑자기 행방불명이 되었습니다. 삶의 유일한 규칙이 '죽이느냐 죽느냐'혹은 '빼앗느냐 빼앗기느냐'였던 석기 시대라면 모를까 참으로 이해하기 힘든 일이 일어났던 겁니다. 🪙

❖ 사비니 여인을 빼앗는 로마 남자
여자가 부족했던 로마에서는 큰 잔치를 열어 이웃의 사비니 지방에 사는 사람들을 초대한 다음, 여인들만 붙잡아 두고 남자들을 모두 쫓아 버렸습니다. 범죄자로 구성된 로마 사람들이 사비니의 여인들을 강제로 빼앗아 아내로 삼은 거예요.

후대의 역사가들은 로물루스 왕을 어떻게 평가하나요?

늑대의 젖을 먹고 자란 로물루스를 따르는 무리 중에는 사냥과 약탈을 일삼던 거친 범죄자 집단이 끼여 있었던 것은 틀림없는 사실입니다. 오늘날의 시각에서 보면 범죄자 집단이라고 할 수 있습니다. 하지만 로마의 역사가인 리비우스는 로물루스를 전쟁의 신인 마르스의 아들답게 강력한 왕으로서 개국 초기의 혼란을 잠재우고 나라를 빠르게 안정시켰다고 평가했습니다. 그로 인해 로물루스 사후 40년 동안 로마가 확고한 평화를 누릴 수 있었다고 주장합니다. 로물루스는 로마에 강한 힘이 있을 때만 평화가 보장된다고 말하곤 했습니다. 하지만 진정한 평화는 '주먹의 논리'로 얻을 수 없다는 사실을 그의 뒤를 이어 왕위에 오른 누마 폼필리우스 왕이 증명했습니다. 그로 인해 로마는 '깡패의 도시'라는 오명을 벗을 수 있게 되었답니다.

Romulus!

18 아시리아의 곱슬머리 왕 |
아시리아의 역사

영국의 한 고고학자가 티그리스 강 동쪽에 있는 니네베 지역의 지층을 조사하다가 기원전 약 5000년경의 유물을 발굴하면서 아시리아 제국의 윤곽이 드러났습니다. 아시리아는 기병과 전차를 앞세운 강력한 군사력을 바탕으로 메소포타미아와 페니키아, 이집트 등을 정복하고 영토를 확장한 제국입니다. 그러나 문명이 고도로 발달했던 이집트와 바빌로니아에 무거운 세금을 매기는 등 억압적인 통치를 휘두르다가 강력한 반발에 부딪칩니다. 기원전 612년경에 신바빌로니아와 메디아 동맹군의 공격을 받아 한때 세력이 크게 위축되기도 했습니다.

- **기원전 2000년경** 아시리아라는 이름으로 도시 국가가 형성되다. 기원전 1220년경에 바빌로니아를 점령한 뒤 페르시아 만에서 지중해 연안, 소아시아에 이르는 지역까지 영토를 넓히다.
- **기원전 700년경** 기원전 705년경에 사르곤 2세에 이어 왕이 된 센나케리브가 니네베를 새 수도로 정하다.
- **기원전 612년경** 아시리아의 수도 l 네베기 신바빌로니아와 메디아 동맹군에 의해 파괴되다.

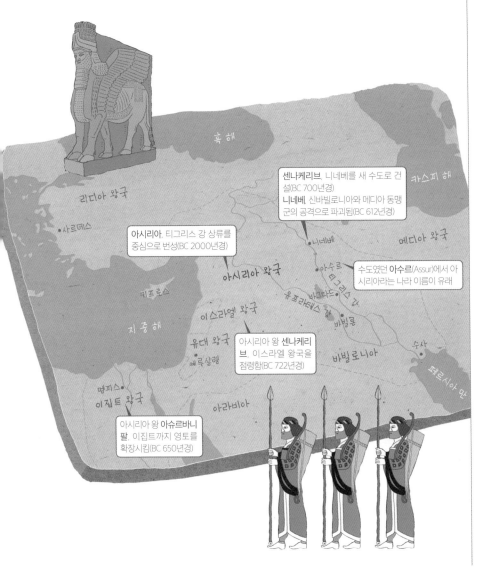

센나케리브, 니네베를 새 수도로 건설(BC 700년경)
니네베, 신바빌로니아와 메디아 동맹군의 공격으로 파괴됨(BC 612년경)

아시리아, 티그리스 강 상류를 중심으로 번성(BC 2000년경)

수도였던 아수르(Assur)에서 아시리아라는 나라 이름이 유래

아시리아 왕 센나케리브, 이스라엘 왕국을 점령함(BC 722년경)

아시리아 왕 아슈르바니팔, 이집트까지 영토를 확장시킴(BC 650년경)

혹 해

카스피 해

리디아 왕국

사르데스

메디아 왕국

키프로스

니네베

아수르

유프라테스 강

바그다드

티그리스 강

지 중 해

이스라엘 왕국

아시리아 왕국

유대 왕국

예루살렘

바빌론

수사

바빌로니아

페르시아 만

멤피스

이집트 왕국

아라비아

거대한 강대국 아시리아

로마에서 멀리 떨어진 티그리스 강가에 새로운 도시가 등장했습니다. 성경에는 '니느웨'라고 기록되어 있는 니네베입니다. 이곳에 기원전 2000년경에 아시리아 왕조가 들어섰습니다. 아시리아 왕들은 무서우리만치 영토를 확장하는 일에 집착했습니다.

요즘에는 곱슬머리가 여자아이의 상징처럼 되어 버렸지만, 대부분 곱슬머리였던 아시리아 왕들은 전혀 여성스럽지 않았습니다. 그들은 무시무시한 전사여서 모두가 두려워하는 대상이었습니다. 특히 포로를 끔찍하게 다룬 것으로 유명합니다. 산 채로 가죽을 벗기고 귀를 자르거나 혀를 뽑아 꼬챙이에 걸어 놓고 자랑처럼 떠벌리는 사람들이었거든요. 정복한 지역의 백성들에게는 동맹의 명목으로 큰 돈을 요구하기도 했습니다.

아시리아는 강력한 힘을 키워서 마침내 세계 주요 도시의 대부분을 정복했습니다. 메소포타미아와 페니키아, 이집트를 비롯해서 그리스와 이탈리아를 제외한 거의 모든 지역을 정복했습니다.

이처럼 강대국이 된 아시리아의 왕은 니네베에서 호화롭게 살았습니다. 아름다운 궁전을 지었고 궁전으로 들어가는 길 양옆에 머리는 사람이고 날개가 달린 거대한 황소와 사자의 조각상을 일렬로 세워 놓았습니다. 날개 달린 동물을 성경에서는 케루빔(하나님을 섬기며 옥좌를 떠받드는 천사, 거룹이라고도 함)이라고 하는데, 작고 사랑스러운 아기 천사가 아니라 커다란 짐승에 날개를 달아 놓아 얼핏 보면 괴물 같기도 하답니다.

● 니네베의 왕족
전형적인 아시리아 왕족의 청동 두상입니다. 위엄을 상징하는 수염이 아주 독특해 보입니다.
메트로폴리탄 박물관 소장

◑ 라마수 석상

사르곤 2세(BC 721~BC 705)
의 궁전 성문 입구를 지키던
라마수 석상입니다. 인간의
머리에 독수리의 날개가 있
고, 황소의 몸을 가졌습니다.
무섭게 생겼지만 불행을 막
아 주는 수호천사였습니다.
미술 작품에서는 흔히 머리
와 날개만 있는 유아로 묘사
되곤 해요.

대영박물관 소장

아시리아의 왕은 전쟁을 하지 않을 때 들짐승과 싸웠습니다. 그들은 활과 화살을 들고 사냥하는 걸 좋아했거든요. 왕들은 말이나 전차를 타고 사자와 싸우는 모습을 그림으로 그리거나 조각으로 만들게 했습니다. 또 동물을 산 채로 잡아서 우리에 가둬 놓고 싸우는 것을 구경하기도 했습니다.

니네베의 몰락

아시리아에는 불후의 업적을 남긴 두 명의 왕이 있었습니다. 기원전 700년경에 살았던 센나케리브 왕은 니네베를 가장 화려하게 건축했습니다. 그는 도시의 거리와 광장을 직접 설계했을 뿐만 아니라 구릉 지대에서 물을 끌어와 수로망까지 갖추었습니다.

그런데 센나케리브 왕의 죽음은 베일에 가려져 있습니다. 한창 예루살렘과 싸울 때의 일입니다. 어느 날 밤, 병사들이 모두 잠들어 있던 사이에 끔찍한 일이 일어났습니다. 아침이 되었는데도 아무도 일어나지 않았어

○ 센나케리브

센나케리브 왕 앞에서 병사들이 적의 머리를 들고 있습니다. 아쉽게도 왕의 모습은 잘 보이지 않습니다. 그는 가장 잔인한 왕이었지만 니네베를 세상에서 가장 아름다운 도시로 만들었습니다.
대영박물관 소장

요. 숨을 쉬는 모든 것들이 죽은 겁니다. 영국의 시인 바이런은
「센나케리브의 파멸」이라는 시에서 이 사건을 노래했습니다.
도대체 그들은 어떻게 죽은 걸까요?

기원전 650년경에 왕위에 오른 아슈르바니팔은 용감한 전사
였지만 독서를 좋아해서 최초로 공공 도서관을 세운 인물입니
다. 이 도서관에 보관된 책은 매우 특별합니다. 그것은 종이에
인쇄된 책이 아니라 흙으로 만든 책이었거든요. 점토판 위에 쐐
기 문자로 기록한 책이었습니다. 이 도서관에서는 지금과 달리
책을 책장에 꽂지 않고 바닥에 쌓아 두었습니다. 그러나 모든 책
에 일련번호를 매겨서 책을 쉽게 찾을 수 있었답니다.

아시리아는 센나케리브와 아슈르바니팔이 통치하던 시대에
최고의 전성기를 누렸고 이때를 황금시대라고 불렀습니다. 이
모든 것들이 니네베인들에게는 아름답게 보였을 거예요. 하지
만 다른 지역에서 아시리아는 두려움의 대상이었습니다. 아시
리아 군대가 가는 곳에는 예외 없이 죽음과 파멸만 남았기 때문
입니다.

○ 센나케리브의 패배
센나케리브 왕이 예루살렘과
의 전투에서 패배하는 장면
을 그린루벤스의 그림입니
다. 성경의 표기에 따라 '산헤
립의 패배'라고도 합니다.

그러나 아시리아 제국은 오래 가
지 못했습니다. 아시리아의 폭정에
시달리던 바빌로니아, 메디아, 이집
트, 리디아 등 식민지 백성들이 일제
히 반란을 일으켰거든요.

아슈르바니팔이 죽고 얼마 되지
않아서 니네베 남쪽의 바빌로니아
와 동쪽의 메디아가 팔을 걷어붙이고 나섰습니다. 두 나라의 연
합군이 니네베를 공격했고 도시를 초토화시켰습니다. 세상에서
가장 아름다운 도시였던 니네베의 궁전과 신전은 산산이 부서
져 나갔습니다.

이 과정에서 도서관은 물론 귀중한 책들마저 모두 파괴되었
습니다. 기원전 612년경의 일입니다. 다행히 그 책들 가운데 일
부가 오늘날까지도 전해지고 있습니다. 이로써 아시리아는 역
사의 뒤안길로 사라지게 되었습니다. 아시리아가 오리엔트를
통일한 지 고작 60년 만에 무너지고 만 거예요. 이 일을 두고 니
네베의 몰락 혹은 니네베의 종말이라고 부릅니다.

니네베가 몰락한 원인은 무엇일까요?

고대 아시리아 제국의 수도인 니네베는 선지자 요나가 수많은 짐승이 우글 거리는 성읍이라고 묘사한 곳입니다. 그만큼 아시리아인은 잔인했습니다. 모든 것이 풍족했던 바빌로니아와 달리 척박한 환경이 그들을 그렇게 만들 었는지도 모릅니다. 그래서 그런지 『구약 성경』에는 아시리아의 군대가 들 이닥치는 모습을 모든 것을 날려 버리는 '돌풍과 같다'고 묘사하고 있습니다. 실제로 그들이 남긴 승전비의 쐐기 문자를 해독한 결과, 포로로 잡은 귀족들 의 살가죽을 벗기고 불태워 죽이거나 손발을 잘랐다는 기록을 발견할 수 있 습니다. 다시 말해 아시리아 왕국은 가혹한 식민지 통치 정책 때문에 식민지 의 반발을 샀으며, 곳곳에서 일어난 반란을 막아 내지 못해 멸망한 것입니 다. 한때 돌풍처럼 서아시아를 휩쓸었던 아시리아는 기원전 612년경 연기처 럼 사라져 버렸습니다. 아시리아의 아슈르바니팔 왕은 반란군이 쳐들어오 자 궁에 불을 지르고 스스로 불길에 몸을 던졌습니다.

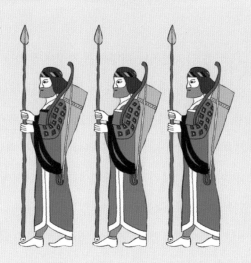

19 뉴욕보다 큰 도시 |
신바빌로니아의 역사

지금은 사라졌지만 바빌론은 지구에서 가장 큰 도시였습니다. 뉴욕과 런던을 합친 것보다 더 크다면 그 크기를 쉽게 짐작할 수 있겠죠? 또 바빌론은 세상에서 가장 아름다운 정원을 가지고 있는 도시로도 유명합니다. 세계 7대 불가사의 중 하나로 알려진 바빌론의 공중정원은 신바빌로니아의 왕 네부카드네자르 2세가 왕비를 위해 만든 것이라고 합니다. 아쉽게도 공중정원은 현재 남아 있지 않습니다. 그렇다면 공중정원은 과연 어떤 모습이었을까요? 공중에 거꾸로 매달려 있는 정원이 아닌 것은 분명합니다. 지금부터 상상의 나래를 활짝 펼쳐 보세요.

- **기원전 625년경** 아시리아의 수도 니네베를 파괴한 나보폴라사르 왕이 신바빌로니아 왕국의 첫 번째 왕이 된다. 함무라비 왕이 세운 바빌로니아 문화를 받아들였기 때문에 신바빌로니아 왕국이라고 한다.
- **기원전 586년경** 나보폴라사르 왕의 장남 네부카드네자르가 신바빌로니아 왕국의 두 번째 왕이 된다. 유대 왕국을 멸망시키고 바빌론을 재건하다.
- **기원전 500년경** 네부카드네자르 왕이 왕비 아미티스의 향수병을 달래기 위해 공중정원을 건설하다.

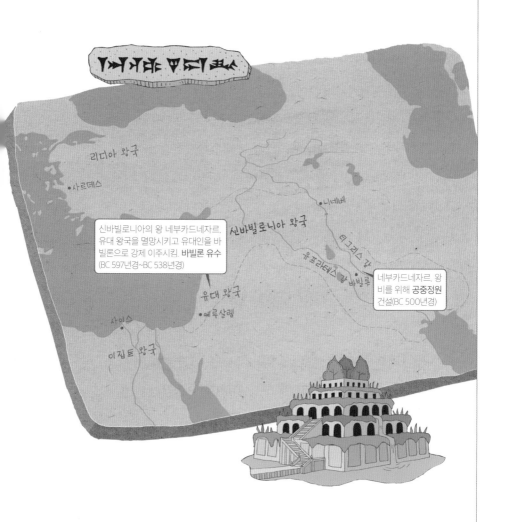

리디아 왕국

• 사르데스

니네베

신바빌로니아 왕국

티그리스 강

유프라테스 강

바빌론

신바빌로니아의 왕 네부카드네자르. 유대 왕국을 멸망시키고 유대인을 바빌론으로 강제 이주시킴. **바빌론 유수** (BC 597년경~BC 538년경)

네부카드네자르, 왕비를 위해 **공중정원** 건설(BC 500년경)

유대 왕국

• 예루살렘

사이스 •

이집트 왕국

철옹성의 도시

신바빌로니아의 제1대 왕 나보폴라사르는 니네베를 정복했습니다. 아시리아를 무너뜨린 바빌로니아의 후손 나보폴라사르 왕은 "나는 바빌로니아를 계승한다."라고 선언했습니다. 이로써 신바빌로니아의 역사가 시작된 거예요. 하지만 거기서 멈추지 않았습니다. 그는 바빌론을 니네베만큼이나 위대한 도시로 만들고 싶었거든요. 그래서 이집트를 공격해 시리아와 팔레스타인을 되찾는 등 바빌로니아의 영토를 넓히기 위해 노력했습니다. 그렇다면 바빌로니아의 운명은 어떻게 되었을까요?

○ 네부카드네자르
신바빌로니아를 본격적으로 부흥시킨 네부카드네자르는 수도 바빌론을 그 어느 도시보다 더 크고 화려하게 건설했습니다.

그는 세상을 떠나면서 방대한 제국을 아들에게 물려주었습니다. 그의 아들은 존이니 제임스니 찰스니 하는 평범한 이름이 아니었습니다. 그의 이름은 네부카드네자르였는데, 아버지가 아들을 부를 때 그렇게 긴 이름을 불렀을지, 아니면 '네부카드'나 '네자르'라고 줄여서 불렀을지 궁금합니다. 당시에는 쐐기 문자를 사용했으니까 네부카드네자르의 이름은 다음과 같이 썼을 거예요. 여러분의 이름을 이렇게 쓴다면 어떨까요?

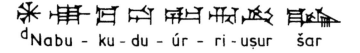

ᵈNabu - ku - du - úr - ri - uṣur   šar

네부카드네자르는 유대 왕국을 공격해 예루살렘을 점령했습니다. 이때 수많은 유대인이 신바빌로니아로 끌려가 노예 생활을 했지요. 그 이후 유대인들은 2,000년 넘게 떠돌이 민족으로 살아가야 하는 운명을 맞게 됐어요.

바빌로니아를 본격적으로 부흥시킨 네부카드네자르는 바빌론을 역사상 그 어느 시대보다, 그 어느 도시보다 더 크고 화려하게 건설했습니다. 사각형 모양인 바빌론은 성벽만 해도 사람 키의 50배가 넘는 높이였고, 성벽 꼭대기는 전차를 타고 달릴 수 있을 만큼 넓었으며, 성벽에는 거대한 청동문이 100개나 달려 있었습니다. 유프라테스 강이 성벽 아래로 도도히 흐르는 모습을 한번 상상해 보세요. 그 모습이 정말 장관일 것 같지 않나요?

사랑의 힘으로 만든 공중 정원

네부카드네자르는 바빌론에서 왕비가 될 사람을 찾지 못했습니다. 그를 사로잡을 만큼 아름다운 여인이 없었던 거예요. 바빌론 여인들이 그 사실을 알았다면 꽤나 기분이 상했겠죠. 아마 불같이 화를 냈을지도 모를 일입니다. 어쨌든 그는 니네베를 정복하는 데 도움을 준 메디아로 갔습니다. 그곳에서 아름다운 공주 아미티스를 만나 바빌론으로 데려왔습니다.

메디아는 언덕과 산이 많은 나라였지만 바빌론은 온통 평지라서 언덕이라고는 눈을 씻고 찾아봐도 없었습니다. 그렇다 보니 왕비에게 바빌론은 재미없는 곳이었을 겁니다. 얼마 지나지 않아 향수병에 걸린 왕비는 험준한 산이 장관을 이루는 고향 땅을 애타게 그리워했습니다. 그래서 네부카드네자르는 왕비를 위로하기 위해 인공 언덕을 만들어 주었습니다. 궁전 지붕 위에 세운 언덕이었어요.

❖ 공중정원 상상도
공중정원이란 계단식으로 테라스를 만들고 그곳에 수목을 심어 놓아 마치 삼림으로 뒤덮인 숲이나 산처럼 보이게 만든 정원을 가리킵니다.

○ 바빌론 성벽의 이슈타르 문

신바빌로니아의 왕 네부카드네자르 2세(재위 BC 605~BC 562) 때 지어졌습니다. 이슈타르 문의 사자 부조는 네부카드네자르 왕이 다스렸던 시절의 화려했던 모습을 떠올리게 합니다. 문을 발굴할 당시 부근에서 수많은 쐐기 문자가 새겨진 유적이 발견되었습니다. 벽에 새겨진 문자 내용을 요약하면 이렇습니다.

"짐(네부카드네자르 2세)이 직접 나서서 푸른 돌로 문의 기단을 높게 쌓고 성벽에는 황소, 용, 사자의 부조를 만들게 하여 이 세상 모든 인간이 경탄할 수 있도록 했노라."

독일 페르가몬 미술관 소장

언덕 양옆에는 아름다운 정원을 만들었습니다. 정원에는 꽃만 심은 것이 아니라 커다란 나무까지 심어서 그늘을 만들었습니다. 왕비가 그늘 밑에 앉아 한가롭게 꽃을 감상할 수 있도록 한 거예요. 또한 유프라테스 강에서부터 정원까지 물을 끌어올 수 있도록 펌프도 설치했습니다. 그러자 산속의 계곡처럼 정원 사이로 물이 흐르기 시작했습니다. 그곳에 왕비가 오르내릴 수 있도록 길도 만들었습니다. 그야말로 작은 메디아를 만든 거예요. 바빌론은 이미 사라졌지만, 공중정원과 바빌론 성벽은 그 흔적이 남아 세계 7대 불가사의 중 하나로 손꼽히고 있습니다.

소가 된 왕

네부카드네자르는 기원전 597년에 예루살렘으로 쳐들어가 유대인의 왕족과 귀족을 포로로 끌고 가면서 시드키야로 하여금 예루살렘을 통치하도록 했습니다. 그런데 시드키야가 반기를 들자 기원전 586년에 다시 군대를 보내 도시를 파괴했습니다. 당시 솔로몬이 세운 아름다운 성전이 불태워졌으며 많은 유대인이 바빌론으로 끌려갔습니다.

바빌론은 세계에서 가장 웅장한 도시일 뿐만 아니라 가장 타락한 도시이기도 했습니다. 바빌로니아인들은 하루하루 쾌락에 빠져 살았습니다. 오로지 "먹고 마시고 결혼하자!"라는 생각만 했고, 뒷일은 생각하지 않았습니다.

네부카드네자르는 하고 싶은 건 뭐든지 할 수 있고, 갖고 싶은 건 뭐든지 가질 수 있었습니다. 그러던 어느 날, 그는 궁전의 가장 높은 곳에 올라가서 도시를 내려다보며 소리쳤습니다.

"나는 세상에서 가장 위대한 왕이다! 나는 신보다 더 강하다!"

⊕ 바빌론의 병사
큰 활은 물론 긴 창과 단검까지 지닌 바빌론의 병사는 원거리 공격과 백병전이 모두 가능했습니다.

⊕ 바빌론 성벽의 도로(오른쪽)
이슈타르 문으로 향해 있는 주요 도로입니다. 성벽 위의 도로는 전차를 타고 달릴 수 있을 만큼 넓었어요.

○ 소가 된 네부카드네자르

네부카드네자르는 신을 모욕한 죄로 소가 되었습니다. 그가 나약한 인간임을 인정하고 신이 자신보다 더 강하다고 말하자 다시 인간이 되었습니다.

그러자 하늘에서 이런 소리가 들렸습니다.

"너는 교만한 인간이구나! 앞으로 소처럼 행동하고 풀을 뜯어먹으며 살게 될 것이다."

그 말이 끝나기 무섭게 네부카드네자르는 정신을 잃고 들판으로 달려가 소처럼 행동했습니다. 소처럼 풀을 뜯어먹으며 네 발로 기어 다녔어요. 이 광경을 지켜본 백성들은 왕이 미쳤다고 생각했습니다.

마침내 네부카드네자르는 신이 자신보다 강하다는 것을 인정했습니다.

"신이시여! 저는 한낱 인간일 뿐입니다. 당신이 저보다 훨씬 강합니다."

네부카드네자르는 자신의 나약함을 인정하고 나서야 비로소 제정신을 차릴 수 있었습니다. 그제야 그는 자신이 소가 아니라 바빌론의 왕이라는 사실을 깨달았던 거예요. 그러나 거대한 성벽과 청동문으로 무장한 바빌론도 끝내 멸망하고 말았습니다. 페르시아 제국에게 정복당한 것입니다. 도저히 불가능할 것만 같았던 일이 현실이 된 거예요. 🏯

바빌론 유수가
유대인에게 미친 영향은 무엇일까요?

기원전 597년에 이루어진 제1차 침입에 이어, 기원전 586년에 이루어진 제2차 침입, 기원전 582년에 이루어진 제3차 침입을 거치는 동안 유대 왕국의 왕족은 물론 귀족과 군인, 공인 등 모두 4만 명 이상의 유대인이 바빌로니아로 끌려간 사건은 기원전 538년 키루스 왕이 유대인의 귀향을 허용함으로써 일단락되었습니다. 그런데 약 반세기 동안 지속된 바빌론 유수는 결과적으로 유대교 성립에 중요한 역할을 했습니다. 온갖 시련과 역경 속에서 자신들의 민족정신과 종교적인 정체성을 버리지 않았을 뿐만 아니라 『구약 성경』의 근간이 되는 헤브라이의 여러 문서를 집대성할 수 있었으며, 유대인 공동체를 회복하려고 노력했기 때문입니다. 이 시기에 유대인들이 페르시아의 조로아스터교에 일부 영향을 받았다고 주장하는 학자들도 있습니다.

20 페르시아의 깜짝 파티|
페르시아의 역사

영원할 것 같았던 신바빌로니아 왕국은 페르시아의 키루스 왕에 의해 무너졌습니다. 페르시아는 처음에 메디아의 작은 제후국에 불과했습니다. 하지만 메디아를 점령하고 나라의 이름을 페르시아로 바꾼 다음에 본격적으로 제국의 길을 걷기 시작했습니다. 키루스 왕이 29년간 통치하는 동안 페르시아는 서남아시아와 중앙아시아 일대를 정복하고 인도에 이르는 곳까지 영토를 확장함으로써 제국의 200년 역사의 기초를 탄탄하게 다졌습니다. 하지만 오리엔탈을 평정한 키루스 왕은 마지막 소원이었던 이집트 정복을 끝내 이루지 못하고 기원전 530년경에 눈을 감았습니다.

- **기원전 559년** 아케메네스 왕조의 키루스 2세가 페르시아의 왕이 되다. 키루스 2세는 이란 건국의 아버지로 추앙받고 있는데, 키루스란 고대 페르시아어로 '태양'을 뜻한다.
- **기원전 549년** 키루스 2세가 메디아 왕국을 정복하고 나라 이름을 메디아에서 페르시아(Persia)로 바꾸다. 페르시아라는 이름은 이란 남서부 지방의 옛 명칭 파르스(Fars)에서 비롯된 것이다.
- **기원전 538년** 키루스 2세가 유대인의 가나안 귀환을 허락하다. 기원전 519년에는 예루살렘 성전을 지을 수 있도록 허용하다.

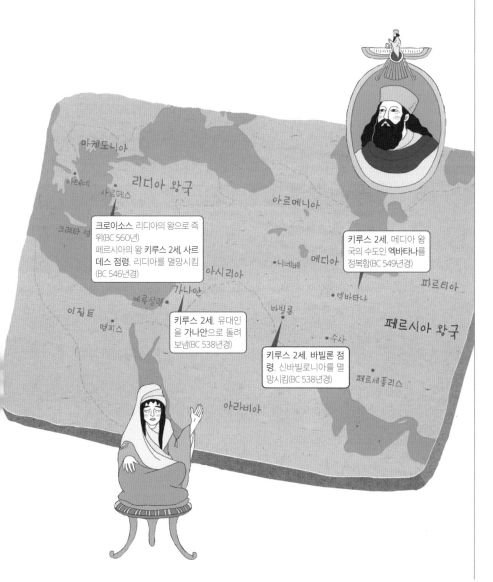

크로이소스, 리디아의 왕으로 즉위(BC 560년)
페르시아의 왕 키루스 2세, 사르데스 점령, 리디아를 멸망시킴 (BC 546년경)

키루스 2세. 메디아 왕국의 수도인 엑바타나를 정복함(BC 549년경)

키루스 2세. 유대인을 가나안으로 돌려 보냄(BC 538년경)

키루스 2세. 바빌론 점령. 신바빌로니아를 멸망시킴(BC 538년경)

마케도니아
아테네
리디아 왕국
사르데스
크레타 섬
아르메니아
아시리아
니네베
메디아
파르티아
가나안
예루살렘
엑바타나
이집트
멤피스
바빌론
페르시아 왕국
수사
페르세폴리스
아라비아

○ 조로아스터

고대 페르시아의 예언자 자라투스트라의 영어식 이름입니다. 조로아스터교는 기원전 6세기 경에 등장한 종교로서 기원후에는 마니교를 거쳐 배화교(불을 숭배하는 종교)라는 이름으로 중국과 한국에 전해졌어요.

솔로몬처럼 현명한 조로아스터

어렸을 적에 항상 듣던 말이 있었습니다. 누구나 이런 말을 들어 보았을 거예요.

"밥 먹기 전에 군것질을 하면 안 된다."

어린 시절 아버지가 강조한 이 규칙은 '페르시아의 법률'과 비슷합니다. 어렸을 적에는 페르시아 민족에 대해 아는 것이 없었지만, 지금은 그들이 바빌로니아 이웃에 살던 아리안족이며 엄격한 법의 지배를 받은 민족이라는 사실을 알고 있습니다. 그들의 법은 너무 엄격했기 때문에 지금도 도저히 바꿀 수 없는 규칙이 있을 때 종종 "페르시아의 법과 같다."라고 말할 정도입니다.

페르시아에는 유대인의 유일신이나 바빌로니아의 우상과 다른 종교인 조로아스터교가 있었습니다. 솔로몬처럼 현명했던 사람인 조로아스터는 페르시아 사람입니다. 그는 솔로몬과 동시대 인물일 수도 있고, 그보다 한참 후대의 인물일 수도 있습니다.

조로아스터는 현명한 생각을 전하면서 찬가를 가르쳤습니다. 그가 전해 준 현명한 생각을 엮어서 책으로 만든 것이 지금의 『아베스타』입니다. 그는 세상에 좋은 신과 나쁜 신, 이렇게 두 가지 신이 존재한다고 가르쳤습니다. 좋은 신은 빛이고 나쁜 신은 어둠입니다. 좋은 신을 아후라 마즈다라고 불렀습니다.

조로아스터교는 사산 왕조 페르시아 시대에 체계적인 종교로 발전했어요. 조로아스터교의 교리에 따르면 인간은 죽은 다음에 살아 있을 때의 행적에 따라 천국이나 지옥으로 가게 됩니다. 이 종교의 목적은 최후의 심판이 있을 때 천국으로 들어가는 것

사산 왕조 페르시아

중세 페르시아 왕조의 하나로 226년에 아르다시르 1세가 파르티아 왕국을 점령한 뒤 창건했다. 이라크에서 인도 북부에 이르는 넓은 지역을 지배하면서 페르시아 문화를 꽃피웠다. 이곳에서 만들어진 은 그릇, 유리 그릇 등은 한국과 일본에도 전해졌다. 651년 사산 왕조는 아랍인의 침입을 받아 멸망했다.

이었어요. 그러고 보니 어디선가 들어 본 이야기 같지 않나요? 종말론과 최후의 심판, 천당과 지옥 같은 내용은 기독교의 교리와 거의 비슷합니다. 바빌론 유수 때문에 기독교가 조로아스터교의 영향을 받았으니 당연한 결과죠. 조로아스터교는 중국으로도 건너갔어요. 중국 신자들은 제사를 지낼 때 불을 피웠기 때문에 배화교라고 불렀답니다. 조로아스터교는 기독교뿐만 아니라 이슬람교에도 큰 영향을 미쳤지요. 이쯤 되면 조로아스터교를 종교의 어머니라고 부를 만하지 않나요?

페르시아인은 불 속에 좋은 신이 산다고 생각해서 불을 소중히 다뤘고, 제단에 피워 놓은 불이 꺼지지 않게 하기 위해 관리인까지 두었습니다. 불꽃을 지키는 사람을 마기(Magi)라 했는데, 마기들은 갖가지 불가사의한 일을 할 수 있었습니다. 그래서 오늘날 경이로운 일을 '마법(Magic)'이라 하고 마법을 부릴 줄 아는 사람을 '마법사(Magician)'라고 합니다.

세상에서 가장 부자인 크로이소스

트로이에서 멀지 않은 곳에 작은 나라가 있었습니다. 이 작은 나라는 리디아라고 불렸습니다. 리디아라는 여자아이 이름을 들어 본 적이 있을 거예요. 리디아는 세상에서 가장 큰 부자인 크로이소스라는 왕이 다스리던 왕국이었습니다. 지금도 돈이 많은 부자에게는 '크로이소스만큼 부자'라는 표현을 즐겨 사용합니다.

리디아 곳곳에 흩어져 있는 금광은 대부분 크로이소스의 것이었고, 금광 말고도 주변국들로부터 세금을 거두어들였습니다. 크로이소스 시대 이전에는 지금과 같은 돈이 없었습니다. 당

시 사람들은 물건을 사고 싶으면 물물 교환을 했기 때문이에요. 달걀과 고기를 바꾸거나 술과 샌들을 바꾸는 식이었습니다. 말처럼 값비싼 물건을 살 때는 금이나 은 덩어리를 저울에 달아 무게를 재기도 했습니다.

돈 한 푼 없이 어떻게 물건을 샀는지 건지 전혀 상상이 되지 않겠지만 당시 사람들은 돈 없이도 잘 지냈습니다.

크로이소스는 거래할 때 계산을 쉽게 하기 위해 금덩어리를 작은 조각으로 잘라서 사용했습니다. 그러나 거래할 때마다 금 조각의 무게를 다는 것이 보통 번거롭지 않았습니다. 저울을 구하지 못할 때도 있었습니다. 그래서 크로이소스는 금 조각 하나의 무게를 달고 그 위에 무게와 자기 이름을 찍어서 금 조각의 무게를 자기가 보증한다는 표시를 했습니다. 이렇게 만든 금이나 은 조각은 오늘날의 동전처럼 아름다운 조각이 새겨져 있지는 않지만 가장 앞선 시기에 사용된 최초의 돈임에 틀림없습니다.

바빌론을 무너뜨린 키루스 왕

페르시아 만 일대에 정착한 아케메네스의 후손 캄비세스 1세(키루스 1세의 아들)는 메디아 왕국의 공주와 혼인합니다. 캄비세스의 장남 키루스 2세는 외할아버지인 메디아 황제에게 대항하지요. 키루스는 메디아의 수도 엑바타나를 점령하고 나라 이름을 메디아에서 아예 페르시아로 바꾸었어요. 이로써 아케메네스 왕조 페르시아가 비로소 시작됩니다. 키루스는 금광이 즐비하게 널

려 있는 리디아라는 부자 나라를 손에 넣고 싶은 생각에 정벌을
나섰습니다. 키루스가 리디아로 출발하자 크로이소스는 서둘러
그리스의 신탁에 전령을 보내 앞으로 무슨 일이 일어날 것이며
누가 승리할지를 물었습니다. 요즘 현대인들도 점쟁이를 찾아가
자신의 운명을 묻듯이 운명을 알아 보는 방법이었습니다.

크로이소스의 물음에 이런 신탁이 돌아왔습니다.

"위대한 왕국이 패할 것입니다."

크로이소스는 신탁을 키루스 왕국의 멸망으로 해석하고 몹시
기뻐했습니다. 신탁은 옳았지만 크로이소스의 예상은 빗나갔
습니다. 위대한 왕국이 패한 것은 사실이지만 키루스 왕국이 아
니라 리디아 왕국이 무너졌던 것입니다. 키루스는 리디아를 손
에 넣은 것에 만족하지 않고 바빌론까지 공격했습니다. 쾌락만
탐닉하던 바빌로니아인들은 잔치를 벌이면서 흥청망청 술을
마시고 즐기느라 여념이 없었습니다. 키루스를 겁낼 이
유가 없었거든요. 도시가 높고 단단한 성벽으로 둘러싸
여 있었기 때문이에요. 어느 누구도 쳐들어오지 못할
철옹성이었던 거죠.

그런데 바빌론은 유프라테스 강이 성벽 밑으로 흘러
도시 한복판을 가로지르고 있었습니다. 바빌로니아
의 마지막 왕 벨사자르가 주연을 베풀던 어느 날
밤, 키루스는 댐을 만들어 강물을 한쪽으로 흘려
보냈습니다. 그리고 바닥이 드러난 강을 따라 유
유히 걸어서 도시 안으로 들어갔습니다. 아무도
상상하지 못했던 방법입니다.

○ 키루스 기념비
바빌론을 점령한 키루스 왕
은 예루살렘에서 강제로 이
주시킨 유대인을 고향 땅으
로 돌려보냄으로써 바빌론
유수를 끝냈습니다. 키루스
기념비는 오스트레일리아
시드니의 올림픽 공원에 있
습니다.

바빌로니아인들은 어찌나 놀랐는지 저항 한번 제대로 해 보지 못하고 무너졌습니다. 그뿐이 아닙니다. 바빌론의 사제가 키루스를 도와 성문을 열어 주기도 했습니다. 그는 바빌론이 몹시 타락해서 멸망할 때가 됐다고 판단한 거예요. 이 깜짝 파티는 기원전 538년경에 일어났습니다. 5 더하기 3은 8이니까 기억하기 참 쉽죠!

바빌론을 점령한 키루스는 예루살렘에서 강제로 이주시킨 유대인을 고향 땅으로 돌려보냄으로써 바빌론 유수의 종지부를 찍었습니다. 한때 뉴욕과 런던을 합쳐 놓은 것보다 컸던 타락한 도시 바빌론은 이렇게 역사의 뒤안길로 사라졌습니다.

아케메네스 왕조 페르시아의 키루스 2세가 메디아, 리디아, 신바빌로니아를 차례로 복속함으로써 아시리아가 멸망한 후 분열되었던 서아시아 일대가 다시 통일되었어요. 메디아의 작은 제후국에 불과했던 페르시아가 세계에서 가장 먼저 대제국이 된 거예요. 페르시아는 아시리아와는 달리 정복한 민족의 풍습을 존중하고 자치를 인정하여 200년 동안 안정과 번영을 누렸습니다.

'왕 중 왕'이란 말을 들어 보았을 거예요. 페르시아가 바로 그런 통치 방식을 취했습니다. 귀족(전사), 사제, 농민(유목민)의 세 계급으로 이루어진 봉건 질서를 바탕으로 독자적인 부족제의 질서를 유지했거든요. 더구나 페르시아는 동양과 서양의 중간에 자리 잡고 있어서 동서양의 문화 통로로서 최적지였습니다. 무역이 발달하면서 수사나 페르세폴리스와 같은 도시들은 세계 최고의 대도시로 성장했습니다. 이 도시들에서는 일찍이 수표가 사용됐다고 하니 상업이 얼마나 발달했는지 알 수 있겠죠.

생각해
보세요

'종교의 어머니'로 불리는 조로아스터교는
어떤 종교인가요?

조로아스터교는 이슬람교 이전에 등장한 고대 종교로서 예언자인 조로아스터의 가르침에 따라 유일신 아후라 마즈다를 숭배하는 종교입니다. 아후라 마즈다는 '지혜의 주인'이란 뜻이고, 빛과 생명의 신 스펜타 마이뉴와 어둠과 죽음의 신 앙그라 마이뉴라는 쌍둥이를 창조했습니다. 이때부터 선과 악, 빛과 어둠, 창조와 파괴, 생명과 죽음이 공존하게 되었습니다. 이는 곧 우리의 역사이기도 합니다. 조로아스터교의 유일신 사상을 비롯해 이원론적 세계관은 유대교, 기독교, 이슬람교 등에 직간접적인 영향을 미쳤습니다. 전하는 이야기에 따르면 아후라 마즈다는 물의 신의 요청에 따라 인간을 창조하고, 불의 신의 요청에 따라 황소를 창조했다고 합니다. 조로아스터교는 인간과 더불어 황소를 특별한 존재로 생각했던 모양이에요.

21 문화와 종교의 나라|
인도 문명

인도 하면 제일 먼저 무엇이 떠오르나요? 인도에는 벨리 댄스와 카레, 갠지스 강과 타지마할만 있는 것이 아닙니다. 인도는 찬란한 인더스 문명의 발상지이자 숫자 0과 음수의 개념이 만들어진 수학의 고향이며, 세계인의 존경을 한 몸에 받는 간디와 타고르가 태어난 곳이기도 합니다. 게다가 인도는 힌두교와 불교, 자이나교, 시크교의 발상지이자 기독교, 이슬람교, 조로아스터교, 유대교가 공존하고 있는 종교의 나라이기도 합니다. 가난한 사람이 많지만 결코 가난하지 않은 나라인 인도는 다양한 향신료를 섞어 놓은 듯 묘한 매력을 풍기는 나라임에 틀림없습니다.

- **기원전 563년** 히말라야 산기슭에 있는 카필라 왕국의 슈도다나 왕과 마하 마야 왕비 사이에서 석가모니가 태어나다. 석가모니는 '석가족 출신의 성자'라는 뜻이다.
- **기원전 322년** 찬드라굽타가 불교 국가인 마우리아 왕조를 세우다. 히말라야 산맥에서부터 지금의 파키스탄 너머까지 인도 전역을 다스리다.
- **기원전 265년** 아소카 왕이 마우리아 왕조의 세 번째 왕으로서 인도 최초의 통일 제왕이 되다.

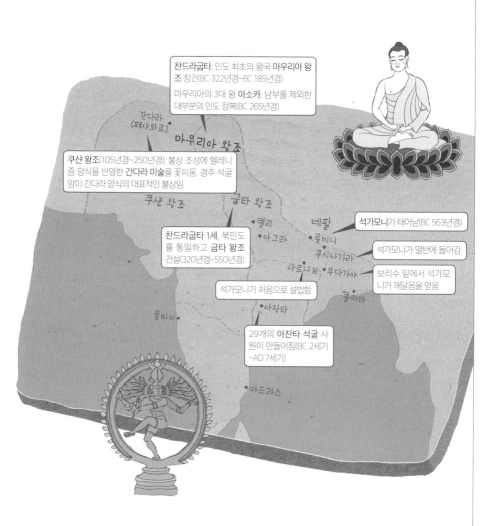

찬드라굽타. 인도 최초의 왕국 마우리아 왕조 창건(BC 322년경~BC 185년경)

마우리아의 3대 왕 **아소카**, 남부를 제외한 대부분의 인도 정복(BC 265년경)

쿠샨 왕조(105년경~250년경). 불상 조성에 헬레니즘 양식을 반영한 **간다라 미술**을 꽃피움. 경주 석굴암이 간다라 양식의 대표적인 불상임

찬드라굽타 1세. 북인도를 통일하고 **굽타 왕조** 건설(320년경~550년경)

석가모니가 처음으로 설법함

석가모니가 태어남(BC 563년경)

석가모니가 열반에 들어감

보리수 밑에서 석가모니가 깨달음을 얻음

29개의 **아잔타 석굴** 사원이 만들어짐(BC 2세기 ~AD 7세기)

197

호기심 많은 아이 싯다르타

그리스도가 태어나기 훨씬 전에 카필라 왕국에서 한 아이가 태어났습니다. 샤키아족(또는 석가족)의 슈도다나 왕과 마하 마야 왕비(마야 부인) 사이에서 태어난 왕자예요. 비록 왕비는 싯다르타를 낳은 후 7일 만에 세상을 떠났지만, 왕은 왕자에게 온갖 정성을 쏟으며 키웠습니다. 궁전을 세 개나 지어 주었고, 1,000명의 하인을 시켜 아이를 돌보게 했으며, 당대 최고의 학자와 예술가, 무인에게 교육을 맡겼습니다. 바로 그 아이가 자비와 평등을 가르친 고타마 싯다르타, 곧 부처입니다.

싯다르타는 호기심이 무척 많은 아이였습니다. 특히 바깥세상을 궁금해했습니다. 슈도다나 왕은 싯다르타가 세상의 어두운 면을 보는 것을 원치 않아 신하들에게 명령해 왕자가 세상의 밝은 면만 볼 수 있도록 준비하라고 했습니다. 싯다르타는 깨끗하고 활기가 넘치는 거리를 보고 감동했습니다. 하지만 감동은 오래가지 않았습니다. 수레를 타고 도시를 돌아보던 왕자가 지팡이에 의지한 채 힘겹게 걸어가는 늙은 남자를 보았기 때문이에요. 싯다르타가 저 사람은 왜 저러느냐고 묻자 신하가 대답했습니다.

"왕자님, 저 사람은 노인입니다. 사람은 누구나 늙고 힘이 없어지는 법이죠. 그건 왕자님도 마찬가지예요."

그때까지 한 번도 노인을 본 적이 없었던 왕자는 사람이 늙는다는 사실에 충격을 받았습니다. 다시 수레를 타고 도시를 돌아보던 왕자가 이번에는 바닥에 주저앉아 고통스러워하는 남자를 보았습니다. 싯다르타가 저 사람은 왜 저러느냐고 묻자 신하가 대답했습니다.

고타마 싯다르타

'석가족 출신의 성자'라는 의미에서 석가모니로 불립니다. 불교도들은 그를 가장 위대한 부처 가운데 한 사람으로 여기고, 평신도들은 부처와 석가모니를 동의어로 생각하기도 합니다. 간다라 미술에서는 부처의 일생을 이야기 형식의 부조로 나타냈습니다.

1 출생
전설에 따르면 석가모니는 도솔천에서 내려와 마야 부인의 꿈속에 흰 코끼리로 현몽해 룸비니 동산에서 부인의 오른쪽 겨드랑이 밑을 뚫고 탄생했다고 합니다.

2 출성
카필라 왕국의 왕자로 태어났으나 왕궁 밖에서 늙고 병들고 죽는 인간의 생애가 고통으로 이루어져 있다는 것을 알게 된 후 왕위와 가족을 버리고 출가합니다.

3 성도
부다가야의 마하보디 사원 옆에 있는 보리수 밑에서 깨달음을 얻었습니다. 주위에는 신도들이 둘러싸고 있습니다. 런던 영국박물관 소장

4 설법
석가모니는 깨달음을 얻은 후 사르나트에서 처음으로 설법을 펼칩니다.

5 열반
석가모니는 80세가 되던 즈음에 병이 나서 쿠시나가라에 있는 보리수 아래에서 기원전 483년 열반에 들었습니다.

"왕자님, 저 사람은 병자입니다. 사람은 누구나 병이 들게 마련이죠. 그건 왕자님도 마찬가지예요."

다시 수레를 타고 도시를 돌아보던 왕자가 이번에는 슬퍼 울며 장례 행렬을 뒤따르는 사람들을 보았습니다. 싯다르타가 저 사람들은 왜 저러느냐고 묻자 신하가 대답했습니다.

"왕자님, 저 사람들은 부모님이 돌아가신 것을 슬퍼하는 자식들입니다. 사람은 누구나 죽게 마련이죠. 그건 왕자님도 마찬가지예요."

싯다르타는 비로소 사람이 늙고 병들어 죽는다는 사실을 알게 되었습니다. 그는 세상이 고통과 번민에 싸여 있는데 자신만 좋은 집에서 행복하게 사는 것이 옳지 않다고 생각했어요. 그래서 29세에 출가해 35세가 되었을 때, 마침내 보리수 아래에서 깨달음을 얻었습니다. 불타, 즉 깨달은 사람이 된 거예요.

부처가 된 싯다르타는 브라만교를 거세게 비난했습니다. 사람의 신분을 차별하는 것이 옳지 않다는 거예요. 돈이 많든 적든, 신분이 높든 낮든 평등하게 대해야 한다는 거죠. 더불어 누구나 고통의 바다에서 벗어나기 위해서는 마음속의 번민을 버리고 깨달음을 얻어야 한다고 강조합니다. 이는 당시에는 매우 혁신적인 사상이었습니다.

석가모니가 죽은 후 불교는 크게 두 갈래로 나누어졌어요. 하나는 개인의 수행을 중시하는 소승 불교(부파 불교)이고, 다른 하나는 대중 구제를 중시하는 대승 불교지요. 소승 불교는 마우리아 왕조 때 크게 발전했고, 스리랑카 · 타이 · 미얀마 등 동남아시아로 전파되었습니다. 대승 불교는 쿠샨 왕조 때 크게 발전

불타
싯다르타가 태어난 룸비니, 깨달음을 얻은 부다가야, 처음 설법을 한 사르나트, 열반에 든 쿠시나가라를 불교의 4대 성지라고 한다.

했고, 중국 · 한국 · 일본 등 중앙아시아와 동북아시아로 전파
되었습니다.

동물 병원을 세운 아소카왕

기원전 322년경에 찬드라굽타는 한때 북서 인도까지 정복의
손길을 뻗친 알렉산드로스 대왕의 군대를 쫓아내고 인더스 강
상류에 마우리아 왕조를 세웠습니다. 그의 손자인 아소카 왕은
인도 대부분의 지역을 평정한 인도 최초의 통일 제왕으로서 전
쟁 억제에 온 힘을 기울였습니다. 즉 비폭력의 윤리 통치를 내
세운 겁니다. 그건 아소카 왕이 불교 신도이기 때문에 가능한
일이었습니다.

실제로 아소카 왕은 불교의 이상을 실현하고자 부처의 가르
침을 적은 돌기둥을 세우고, 모든 생명체에게 자
비를 베풀어야 한다는 의미에서 인류 최초
의 동물 병원을 세우기도 했습니다. 게
다가 동물 학대를 금지하는 법까지 만
들었어요.

제2 계급인 왕과 귀족, 즉 크샤트리아가
계급을 구분하지 않는 불교를 보호하자, 위
기의식을 느낀 제1 계급인 브라만 세력이
브라만교와 드라비다인들의 토착 신
앙을 결합해 기원전 240년경 새로
운 종교인 힌두교를 만들었어요.
힌두교의 신은 창조의 신 브라마, 유지

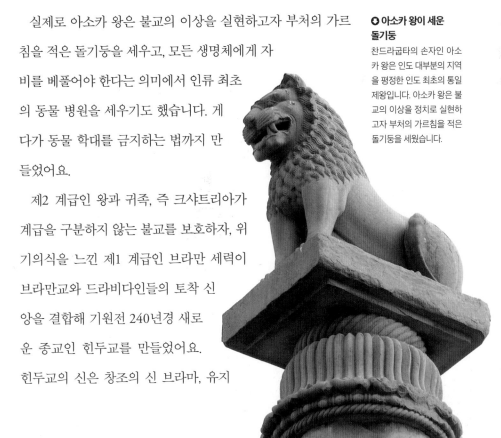

**❖ 아소카 왕이 세운
돌기둥**
찬드라굽타의 손자인 아소
카 왕은 인도 대부분의 지역
을 평정한 인도 최초의 통일
제왕입니다. 아소카 왕은 불
교의 이상을 정치로 실현하
고자 부처의 가르침을 적은
돌기둥을 세웠습니다.

창조의 신 브라마, 유지의 신 비슈누, 파괴의 신 시바를 중심으로 힌두교가 발전하게 되었습니다. 특히 시바 신은 원래 부와 행복을 의미하는 신이었으나 나중에 파괴의 신이 됩니다. 시바 신이 지상에 인간으로 나타난 것이 왕이고, 왕은 신과 인간의 중재자라고 여겼습니다.

의 신 비슈누, 파괴의 신 시바를 중심으로 일체화되어 있습니다. 그래서 힌두교를 다신교적 일신교라고 하지요. 왕의 권위를 인정하는 힌두교는 지배 계층의 입맛에 맞을 뿐 아니라 인도의 토착 문화와도 연관이 되어 있어 백성들의 삶 속으로도 깊숙이 침투할 수 있었습니다.

아소카 왕이 죽자 브라만교 세력의 반란이 이어졌고, 기원전 180년에 브라만 출신 군사령관 퓨샤미트라가 마우리아 왕조를 전복시켰어요. 그는 슝가 왕조를 세웠지만 혼란은 계속됐고, 인도 서북부 지역 대부분이 파르티아의 지배를 받게 됩니다.

나라는 멸망했어도 불교 문화는 그대로 남아서 더욱 발전했습니다. 특히 쿠샨 왕조에 이르러 불교 예술이 크게 발전했습니다. 쿠샨 왕조는 이란, 그리스 등지의 문화를 융합하기에 좋은 위치에 있었거든요. 특히 인더스 강 중류의 간다라 지방을 중심으로 다른 나라의 예술적 특징을 융합해 불상 조각 분야에서 동서 문화의 조화미를 꽃피웠습니다. 이를 간다라 미술이라고 합니다.

파르티아
기원전 247년 페르시아에 세워진 왕국이다. 이란 혈통이지만 헬레니즘 문화에 뿌리를 두고 있어 정통 이란 민족의 지지를 받지는 못했다.

○ **마하바라타**
인도의 2대 서사시 중 하나입니다. 바라타족의 대전쟁을 주제로 한 서사시로 대부분 전설과 신화로 구성되어 있습니다.

불교와 힌두교가 만나다

쿠샨 왕조도 영원하지 못했습니다. 혼란에 빠진 인도를 찬드라굽타 1세가 통일해 굽타 왕조를 건설합니다. 마우리아 왕조를 세운 찬드라굽타와 이름이 비슷하지만 두 사람은 다른 시대에 살았습니다. 기원후 320년경 갠지스 강 일대를 배경으로 세력을 넓힌 굽타 왕조는 인도 민족 문화의 황금시대로서 종교, 미술,

철학에 이르기까지 다방면에 걸쳐 인도 특유의 문화를 완성해 냅니다. 특히 윤회 사상을 강조한 불교와 브라만교를 바탕으로 한 힌두교가 서로 영향을 주며 발전합니다.

굽타 왕은 문화와 예술에 관심이 많았던 것 같아요.『라마야나』와『마하바라타』는 인도의 2대 서사시입니다. 두 서사시에는 당시의 사회 문화가 고스란히 담겨 있었습니다.『라마야나』는 왕자 라마의 이야기를 다룬 서사시로서 궁중 서사시의 대표작으로 평가받았어요. 역사적 사실과 신화가 섞여 있는『라마야

나』는 종교적인 색채가 짙어 굽타 왕조에서 힌두교 경전처럼 여겨지기도 했습니다. 여기서 그치지 않고 『라마야나』는 동남아시아의 문학과 미술에도 영향을 끼쳤어요. 세상에서 가장 긴 이야기로 알려진 『마하바라타』는 10만 구절에 이르는 시구로 구성되어 있습니다. 바라타족의 대전쟁을 주제로 한 서사시지만 대부분 전설과 신화로 구성되어 있지요. 『마하바라타』 역시 훗날에 예술적 가치를 인정받으면서 문학과 미술에 소재를 제공하고 있답니다.

❂ 아잔타 석굴
굽타 시대의 미술을 대표적으로 보여 주는 유적입니다. 석굴은 인도에서 불교가 쇠퇴하면서 무려 1,000년 넘게 밀림 속에 숨겨져 있었습니다. 부처, 보살상, 고대 인도의 풍속 등을 묘사한 그림이 암벽뿐 아니라 기둥과 천장에까지 가득 차 있어 절로 경탄을 자아냅니다.

미술 분야는 불교를 중심으로 발전했어요. 굽타 시대 불교 미술은 힌두 미술과 조화를 이루어 독특한 예술성을 만들어 냈던 시기입니다. 굽타 시대의 미술을 대표적으로 보여 주는 유적은 아잔타 석굴 사원입니다. 총 29개의 석굴로 되어 있는데, 사원의 벽화에는 주로 부처의 생애와 우화가 묘사되어 있습니다.

사원 벽화와 불상에서 부처의 옷 주름선이 완전히 생략되고 인체의 윤곽선이 그대로 드러나 있는데, 이런 표현법을 가리켜 굽타 양식이라고 합니다. 굽타 양식은 중앙아시아와 중국을 거쳐 한국에도 전해졌어요.

굽타 양식
인도 고유의 미술 기법과 간다라적인 그리스 기법이 혼합된 동서양의 종합 미술이다.

비슈누 신에게 바쳐진 앙코르와트

힌두교 사원 중 가장 큰 사원은 캄보디아에 있는 앙코르와트입니다. 12세기 초에 수리야바르만 2세를 위해 창건된 앙코르와트는 힌두교 3대 신 중 하나인 비슈누 신에게 바쳐진 신전이지요. '사원의 도시'를 의미하는 앙코르와트는 서쪽으로 향하고 있는 것이 특징입니다. 이것은 해가 지는 서쪽에 사후 세계가 있다는 힌두교 교리에 의한 것으로 왕의 사후 세계를 위한 사원임을 짐작하게 합니다.

바깥벽의 길이는 동서로 1,500미터, 남북으로 1,300미터나 되고, 높이는 65미터에 이릅니다. 사원 중앙의 높은 탑 안에는 힌두교의 상징인 비슈누 신이 모셔져 있어요. 길이 3,600미터의 직사각형 해자에 둘러싸여 있는 이 사원의 중앙 탑은 우주의 중심인 수미산이며 주위에 있는 네 개의 탑은 주변의 봉우리들을 상징합니다. 외벽은 세상 끝에 둘러쳐진 산을 의미하고, 해자는 바다를 의미합니다.

앙코르와트는 힌두교 사원이지만 불상도 많아요. 1300년대와 1400년대에 걸쳐 불교가 유행하면서 불상이 만들어졌기 때문이지요.

앙코르 왕국은 9세기경에 등장했습니다. 원래 큰 강과 호수가 많은 나라지만, 곳곳에 인공으로 저수지를 만들어

◐ 유지의 신 비슈누
앙코르와트는 힌두교 3대 신 중 하나인 비슈누 신에게 바쳐진 신전입니다.

✪ 앙코르와트

12세기 초에 수리야바르만 2세가 약 30년에 걸쳐 축조한 앙코르와트는 처음에는 힌두교의 3대 신 중 하나인 비슈누 신에게 봉헌된 힌두교 사원이었으나, 14세기와 15세기에는 불교 사원으로 사용되었습니다. 앙코르는 '왕도'를 뜻하고, 와트는 '사원'을 뜻합니다.

논농사에 활용했지요. 그 덕분에 1년에 농사를 두세 차례 지을
수 있었어요. 먹을 식량이 많아지니 자연히 나라의 힘도 강해졌
지요. 앙코르 왕국에는 전투용 코끼리만 해도 20만 마리나 있었
어요. 앙코르 왕국이 이렇게 강한 나라가 아니었다면 거대한 앙
코르와트는 이 세상에 존재하지도 않았을 거예요.

　세상에서 가장 아름다운 사원인 앙코르와트는 앙코르 왕국이
멸망하면서 400년이나 밀림 속에 묻혀 있었습니다. 400년간 밀
림이 앙코르와트를 보호해 준 셈이 됐지요. '유지의 신'비슈누가
모셔져 있어서 그런지 사원의 원형은 그대로 유지되고 있었어
요. 그러다 프랑스의 한 학자에 의해 발견되어 다시 우리 앞에
모습을 드러냈지요. 다시 우리에게 '앙코르!'를 요청하기라도
하는 것처럼 말입니다. 1586년에 이곳을 최초로 방문한 포르투
갈 수도사 안토니오 다 마그달레나는 "전 세계 어디에도 존재하
지 않고, 펜으로도 묘사할 수 없을 정도로 웅장하고 신비한 건축
물이다."라는 찬사를 남겼습니다. 그만큼 아름답다는 거예요.

다른 지역에서 번성한 불교가 오히려 발상 지인 인도에서 쇠퇴한 까닭은 무엇일까요?

브라만교의 신분 차별에 반기를 들고 불교가 처음 등장했을 때, 카스트 제도에 시달리던 민중들은 환호했지만, 당시의 지배자들은 만민 평등의 교리를 받아들이기 어려웠습니다. 이후 굽타 왕조가 등장한 후부터 왕권의 절대화를 위해 왕의 권위를 인정하는 힌두교를 지원하고 불교가 쇠퇴하게 되었습니다. 더욱이 불교가 등장한 후에도 대부분의 인도인들은 브라만교에서 벗어나지 못했습니다. 초기의 소승 불교는 개인적인 깨달음만을 강조해서 널리 확산되지 못했거든요. 그 뒤에 부처를 신으로 여기는 바람에 불교를 힌두교의 일종이라고 생각하면서 힌두교에 흡수되고 말았습니다. 반면에 다른 곳에서는 불교를 만민이 평등하고, 자비를 중시하는 종교로 받아들여 번성할 수 있었답니다.

22 죽음을 두려워한 황제|
통일 제국의 등장

인도에서 석가모니가 탄생한 지 약 10년 후에 중국에서는 공자가 탄생했어요. 예수는 약 550년 후에나 탄생합니다. 공자가 태어나기도 훨씬 전인 기원전 700년경에 중국은 140여 개의 크고 작은 나라들로 나누어져 있었어요. 원래는 하나의 나라였는데, 왕의 힘이 약해지면서 여러 제후들이 서로 왕이 되겠다고 싸움을 벌인 거예요. 이 도시 국가들은 일곱 개의 강대국에 편입되어 서로 싸우다가 기원전 221년에 통일되었어요. 진의 시황제가 최초의 통일 제국을 건설한 거예요. 하지만 진은 시황제가 죽은 지 4년도 넘기지 못하고 멸망합니다. 그렇다면 시황제는 죽음을 어떻게 이겨 내려고 했을까요? 자, 지금부터 시황제의 삶을 한번 들여다볼까요?

- **기원전 475~기원전 221년** 춘추 시대(BC 770년~BC 476년) 초에 140여 개국이었던 도시 국가가 일곱 개의 강대
  국에 편입되어 전국 시대가 열리다.
- **기원전 221년** 진의 시황제가 중국 최초의 통일 제국인 진을 세우다.
- **기원전 202년** 진의 하급 관리였던 유방이 한 왕조를 세우다. 한은 400년 동안 지속되다.
- **기원전 156년** 한의 무제가 전한의 일곱 번째 황제가 되다. 기원전 108년경에는 한반도에 한사군을 설치하다.

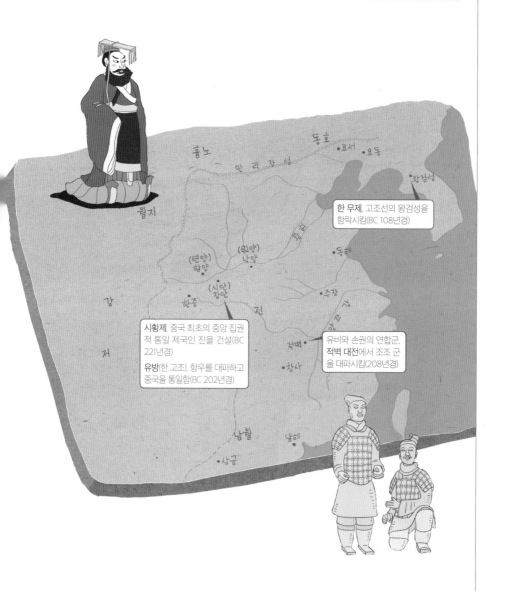

한 무제, 고조선의 왕검성을 함락시킴(BC 108년경)

시황제, 중국 최초의 중앙 집권적 통일 제국인 진을 건설(BC 221년경)

유방(한 고조), 항우를 대파하고 중국을 통일함(BC 202년경)

유비와 손권의 연합군, **적벽 대전**에서 조조 군을 대파시킴(208년경)

거대한 지하 도시

1974년의 일입니다. 중국 산시 성의 시안[西安]이라는 곳에서 두 명의 농부가 우물을 파고 있었습니다. 두 사람은 너무 지쳐서 그만 포기하려고 했습니다. 그때 낯선 도자기 조각이 발견됐고, 그것을 이상하게 여긴 두 농부가 땅을 더 깊이 파 내려가자 이번에는 도자기로 만든 팔다리와 투구가 나왔습니다. 그들이 엄청난 유물을 발견했다는 소문이 퍼져 나가자 중국의 고고학자들이 나서 본격적인 발굴을 시작했습니다. 마침내 수천 명의 병사들이 늘어서 있는 커다란 지하 구덩이가 나타났습니다. 무려 2,000년 동안 땅속에 잠들어 있던 시황제의 병사들이 깨어나는 순간이었죠.

이곳을 병마용갱이라고 부릅니다. 흙으로 구워 만든 병사와 말이 묻혀 있기 때문에 붙여진 이름이에요. 지금까지 모두 네 곳의 병마용갱이 발견됐는데, 그 규모가 어

❍ 서 있는 궁수
활을 쏘는 병사의 모습입니다. 당시 실제 인물을 그대로 묘사한 거예요. 마치 살아서 움직일 것 같지 않나요?

찌나 크던지 아직도 다 확인하지 못했을 정도라고 합니다. 병마
용갱에 묻혀 있는 도자기 병사들은 실제 사람과 똑같은 크기로
제작되었고, 얼굴과 표정은 물론 키와 손금, 옷고름까지도 모두
다르게 만들어졌습니다.

그렇다면 옛날 사람들은 병마용이 호위하는 시황제의 지하
무덤을 어떻게 생각했을까요? 중국 전한 시대의 역사가 사마천
은 『사기』에 시황제의 지하 도시를 이렇게 묘사하고 있습니다.

"지하 무덤은 지상과 똑같이 만들어졌다. 침입자가 들어서면
화살이 자동으로 발사될 수 있도록 해 놓았다. 축소해서 만든 강
과 바다에는 수은이 흐르고, 천장에는 별 모양의 구조물이 설치
돼 있다."

○ 진의 시황제
기원전 221년 중국 최초의
통일 제국을 건설하고 스스
로 시황제라 칭했습니다. 천
하를 호령한 시황제도 죽음
만은 두려웠던 모양입니다.
그래서 사후 세계를 지킬 병
마용을 만들었던 것이지요.

사마천은 70만 명의 인부를 동원해 기원전 246년부터 진시황
릉을 건축했다고 기록하고 있습니다. 진시황릉이 완공된 후에
는 도굴을 막기 위해 인부들을 생매장했다고 합니다. 병마용갱
부근에 있는 리산의 토양에는 많은 수은이 포함되어 있고 내부
에 벽이 있는 것으로 밝혀져, 그곳이 진시황릉이라고 추정하고
있습니다. 진시황릉의 외부는 높이 76미터, 넓이 350제곱미터
에 이르는 거대한 흙 피라미드입니다.

이렇게 어마어마한 지하 도시를 만든 시황제는 영원히 살기
를 원했습니다. 그래서 불로장생의 약을 찾는 데 여생을 바쳤지
만 결국 찾을 수 없었습니다. 시황제는 불로장생할 수는 없을지
라도 육체만은 그 무덤에서 영원히 머물기를 바랐던 거예요.

상을 멸망시킨 주가 견융족의 침입으로 도읍을 낙읍으로 옮
긴 것을 기억하지요? 주가 도읍을 옮긴 후부터 진이 중국을 통

사기(史記)
신화 시대부터 한 무제 때까
지의 역사를 다루고 있는 『사
기』는 기전체 서술의 모범이
되었다.
기전체는 제왕의 역사를 편
년체(연대순으로 수록한 것)
로 기록한 본기(本紀), 제후
국의 역사를 다룬 세가(世
家), 연표 형식의 표(表), 사
회와 문화를 설명한 지(志),
인물의 전기나 이민족의 역
사를 기록한 열전 (列傳)으
로 구성된다. 기전체라는
명칭은 본기의 기와 열전의
전을 따서 붙였다.

◆ 병마용갱

1974년 제1호 갱이 발굴된 이후 현재까지 발굴이 진행 중입니다. 병사의 평균 신장은 175센티미터이고, 완전히 무장되어 있으며, 당장이라도 함성을 지를 듯 생생한 모습입니다. 병사의 얼굴 하나하나가 전부 다른 것은 실물을 모델로 해서 만들었기 때문입니다. 도기로 제작된 병사의 키는 대체로 큰 편이고, 특히 장군이 사병보다 조금 더 큽니다. 세 곳의 병마용갱에는 8,000여 명의 병사와 1300여 대의 전차, 520여 마리의 말이 있는 것으로 추정되고, 아직도 상당수가 흙 속에 묻혀 있습니다.

일할 때까지 약 550년간 춘추 전국 시대라는 정치적 혼란기가 닥쳤어요. 춘추 시대 초기에는 제후국이 140여 개국이나 되었는데, 오랜 내전 끝에 제(齊), 조(趙), 진(秦), 연(燕), 위(魏), 초(楚), 한(韓) 등 일곱 나라만 끝까지 살아남았습니다. 이를 전국 칠웅이라고 합니다. 그중에 가장 서쪽에 진이 있었는데, 진 왕의 100만 대군은 정말로 강했습니다. 여섯 나라를 차례로 정복해 중국 전체를 통일했으니까요. 그가 바로 병마용갱의 주인인 시황제입니다. 중국을 뜻하는 차이나(China)라는 말도 이 '진'이라는 말에서 비롯됐습니다.

백성들의 무덤이 된 만리장성

천하를 통일한 시황제는 정말로 무서운 사람이었습니다. 그는 나라마다 달랐던 화폐와 도량형, 문자의 서체를 통일하고, 제후들의 반란을 미리 막기 위해 봉건제를 폐지하고 무기마저 빼앗은 채, 모든 제후들을 가까이 두고 감시했습니다. 그러다가 조금이라도 이상한 낌새가 느껴지면 가차 없이 목숨을 거두었습니다.

○ 만리장성
옛날에는 만리장성까지 올라가는 것이 힘들었지만, 지금은 케이블카로 쉽게 올라갈 수 있습니다. 흉노족을 막기 위해 기원전 208년 전국 시대 때 제에 의해 처음 착공된 후 중국의 진대에 걸쳐 세워져 오늘에 이릅니다.

뿐만 아니라 법가 사상에 기반을 둔 여러 정책을 시행하는 과정에서 유학자들이 공공연하게 반대하고 나서자 제자백가의 책을 모두 불사르고, 옛것을 들어 지금이 잘못됐다고 한 유학자들을 산 채로 땅속에 묻어 버렸습니다. 이를 분서갱유라고 합니다.

또한 시황제는 국경 밖의 흉노라는 사나운 부족의 침입을 막기 위해 만 리나 되는 성벽을 쌓으라고 명령했습니다. 신하들은 돌을 구하기 어려운 지역이라 불가능한 일이라고 반대했으나 흙을 콘크리트처럼 단단하게 밟고 다져서 내부를 만들고, 외부를 연회색의 기와로 덮어 성벽을 쌓았습니다. 하지만 수만 명의 사람을 동원해 밤낮없이 성벽을 쌓다 보니 많은 사람이 죽어 나갈 수밖에 없었고, 병사들은 그들을 그대로 성벽 밑에 묻어 버렸습니다. 그렇게 보면 만리장성 자체가 하나의 거대한 무덤이라고 할 수도 있습니다.

○ 유방
기원전 202년 항우를 격파하고 중국을 통일했습니다. 흔히 한 고조라고 부릅니다.

만리장성은 인류 역사상 최대 규모의 토목 공사임에 틀림없지만, 흙벽돌을 사용한 성벽이라 보수를 하지 않은 곳은 거의 원형을 알아볼 수 없을 정도로 허물어진 곳도 많습니다.

한 왕조의 등장

진은 오래가지 못했습니다. 계속되는 대규모 공사와 전쟁 때문에 농민들의 불만이 고조되었거든요. 결국 시황제가 죽은 후 농민 반란이 일어났고, 기원전 206년 유방과 항우의 연합군이 셴양을 공격해 결국 멸망하고 말았습니다. 그해 항우는 초의 패왕임을 자처했는데, 그에게 불만을 품은 제후들이 산둥 지역에서 반란을 일으키자, 이를 진압하기 위해 항우가 북상한 사이에 유

○ 항우
초의 왕으로 초 패왕으로도 불립니다. 초와 한의 싸움에서 패해 31세의 나이로 죽게 됩니다.

○『삼국지』의 세 영웅
'황건적의 난'으로 사회가 혼란해지자 이 틈을 타고 유비, 손권, 조조(왼쪽부터)가 각각 세력을 키우기 시작했습니다. 『삼국지』는 이 세 영웅의 이야기를 다룬 소설입니다.

방이 한중(지금의 산시 성 남부)에서 군사를 일으켜 항우와 대적했습니다. 4년간의 싸움 끝에 패한 항우는 기원전 202년 자살했고, 유방이 왕위에 올라 수도를 장안(지금의 시안)에 세우고 한 왕조를 일으켰습니다. 한 고조는 개국 초기에 수도와 그 주변 지역을 직접 다스리고 나머지 지역은 공신들을 제후로 임명해서 다스렸어요. 하지만 왕실의 입장에서는 제후들이 늘 불안한 존재였어요. 지방에서 세력을 길러 언제 왕실에 도전할지 모르기 때문입니다. 그래서 제후들의 수를 계속 줄이면서 봉건제와 군현제를 함께 실시했어요. 이런 통치 방식을 군국제라고 합니다.

한은 진의 멸망을 거울삼아 지속적으로 중앙 집권 체제를 추진했습니다. 특히 일곱 번째 왕인 무제는 유교를 국교로 삼고, 능력 있는 학자들에게 나라를 위해 일할 수 있는 기회를 주었습니다. 또 오랫동안 중국을 위협했던 흉노족을 고비 사막 너머로 몰아냈고, 한반도와 만주에 자리 잡고 있던 고조선을 물리치기도 했습니다. 이러한 노력 덕분에 한은 중국을 400년 동안이나 통치할 수 있었답니다. 한의 문화를 존중하듯 중국의 문자를 '한자(漢字)'라 하고, 중국 민족을 '한족(漢族)'이라고 부르고 있지요.

한 왕조가 신 왕조의 왕망에 의해 멸망한 이후 한의 일족인 광

군현제
기원전 350년 진의 효공이 상앙의 건의를 받아들여 41현에 관리를 파견했다. 시황제는 이를 발전시켜 전국에 현을 설치하고 36군으로 나눠 통치했다.

무제 유수가 한 왕조를 부흥시켰습니다. 이전의 한을 전한이라고 하고, 광무제가 부흥시킨 한을 후한이라고 합니다. 광무제는 수도를 뤄양에 두었는데, 그 위치가 전한의 수도 장안보다 동쪽에 있었기 때문에 동한(東漢)이라고도 해요.

그러나 영원한 권력은 없나 봅니다. 한도 속으로는 곪아 가고 있었어요. 환관과 외척이 권력을 다투면서 정치가 불안정해진 데다가 홍수와 가뭄 같은 자연재해들이 잇따르면서 굶주린 농민들이 장각이 이끄는 태평도를 중심으로 반란을 일으켰습니다. 반란군에 가담한 농민들이 누런 두건을 썼다고 해서 이를 '황건적의 난'이라고 부릅니다. 이 난으로 사회가 혼란해지자 이 틈을 타고 조조와 손권, 유비가 각각 세력을 키우기 시작했습니다. 우리가 잘 알고 있는 『삼국지』는 이 세 영웅이 중국을 통일하기 위해 힘과 지혜를 겨루는 이야기를 다룬 소설입니다.

동서 무역로

한대 초기만 해도 중앙아시아 지역은 중국인들에게 미지의 세계였습니다. 그러다가 한 무제 때 이르러 비로소 중앙아시아 지역이 중국에 알려지게 됐어요. 무제는 대규모 군대와 큰돈을 들여 중국과 중앙아시아를 연결하는 교통로를 열었습니다. 그런데 무제가 비단길(실크로드)을 개척하게 된 동기는 좀 엉뚱합니다. 북쪽 오랑캐를 무서워했기 때문에 우연찮게 비단

● 페르시아 상인
서역 상인들은 비단길을 통해 중국은 물론 신라까지 갔다고 합니다. 사진은 당대에 만들어진 도자기인 당삼채입니다.

○ 한대의 출관도
장건이 중앙아시아로 출발
하기 전에 한 무제의 배웅을
받고 있습니다. 중국 둔황의
천불동에 그려져 있는 벽화
입니다.

길이 열리게 됐거든요.

무제는 늘 마음에 걸렸던 흉노족을 견제하기 위해 장건을 월지국에 보냈습니다. 장건은 흉노에게 붙잡혀 그곳에서 결혼해서 살다가 겨우 탈출해 우여곡절 끝에 월지국으로 들어갔습니다. 월지국의 왕을 알현하게 된 장건은 한과의 동맹을 제의합니다. 한때 흉노에게 땅을 빼앗겼지만 새 땅에 살게 된 월지국의 왕은 더 이상 전쟁을 원치 않았습니다. 실망한 채 한으로 돌아오던 장건은 또다시 흉노에게 붙잡혔어요. 장건은 또 다시 흉노 땅을 탈출해 13년 만에 한으로 무사히 돌아왔습니다.

장건은 무제에게 중앙아시아의 사정을 보고했고, 무제는 무역로를 개척하라고 지시했습니다. 이렇게 해서 개척된 비단길은 중앙아시아와 서아시아는 물론 유럽까지 이어지게 되었습니다.

비단길을 통해 비단 외에도 인쇄술, 화약, 종이 만드는 기술 등이 이슬람 세계와 유럽으로 전해졌어요. 반대로 서역의 포도, 호두, 수박, 마늘, 복숭아, 낙타 등이 중국으로 전해졌지요. 인도의 불교와 서아시아의 조로아스터교(배화교), 중동의 이슬람교, 유럽의 기독교도 비단길을 따라 중국에 전해졌어요. 여러분이 잘 아는 『서유기』에 나오는 현장법사는 비단길을 따라 인도에 가서 엄청난 양의 불경을 당으로 가져오기도 했답니다.

생각해
보세요

진이 멸망한 까닭은 무엇일까요?

시황제는 오랫동안 유지해 오던 봉건제를 폐지하고 군현제를 실시했습니다. 더 이상 제후들을 믿을 수가 없었거든요. 오죽했으면 그들의 무기까지 모두 빼앗을 생각을 했을까요? 학문과 사상마저도 하나로 통일했습니다. 황제의 권한을 강화하는 데 근간이 되는 법가 이외의 사상에 대해서는 전혀 인정을 하지 않았어요. 이 과정에서 분서갱유라는 사건이 터졌습니다. 게다가 수도에는 큰 궁궐을 짓고, 변방에는 적의 침입을 막기 위해 거대한 만리장성을 쌓는 과정에서 수많은 백성이 피땀을 흘려야 했습니다. 요컨대 중국은 하나로 통일되었을지 모르지만, 백성들의 삶은 더욱 힘들어졌을 뿐입니다. 이로 인해 백성들의 반발이 일어났고, 결국 진 왕조는 시황제가 죽은 지 4년 만에 멸망의 길로 들어서고 말았습니다. 이는 인간을 따뜻한 눈으로 바라보지 못한 법가 사상의 본질적인 한계라고도 할 수 있습니다.

23 위대한 심판
아테네의 민주 정치

여러분도 친구들과 공놀이를 하다가 한 번쯤 싸워 본 경험이 있을 거예요. 서로 억울하다며 목소리를 높이기도 하고, 간혹 주먹질을 하기도 하지요. 이럴 때는 공정한 판결을 내릴 수 있는 심판이 필요합니다. 아테네에서도 이런 일이 일어났습니다. 가진 자와 가지지 못한 자, 계급이 높은 자와 계급이 낮은 자로 편을 나누어 늘 다투었습니다. 그렇게 갈등의 골이 점점 더 깊어지면서 아테네에도 심판이 필요해졌습니다. 이른바 지혜를 사랑하는 사람들이 나타난 셈이에요. 그렇다면 지금부터 아테네의 위대한 심판들을 만나 볼까요?

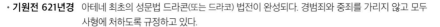

- **기원전 621년경** 아테네 최초의 성문법 드라콘(또는 드라코) 법전이 완성되다. 경범죄와 중죄를 가리지 않고 모두 사형에 처하도록 규정하고 있다.
- **기원전 594년경** 그리스의 7현인 가운데 한 사람인 솔론이 그리스인의 기본 미덕인 중용의 덕을 반영해 인도주의적인 법전을 만들다.
- **기원전 500년경** 클레이스테네스가 도편 추방제를 실시하다. 클레이스테네스는 아테네 민주정의 창시자로 여겨진다.

아테네 최초의 입법가 드라콘.
가혹한 **드라콘 법** 공포(BC 621년경)

아테네의 집정관 솔론.
'솔론의 개혁' 단행(BC 594년경)

클레이스테네스.
도편 추방제 실시(BC 500년경)

솔론의 실패한 개혁

민주주의의 발상지인 아테네에는 왕이 없었습니다. 원래는 왕이 있었지만 왕이 가진 자들의 편만 드는 바람에 왕을 몰아내고 대신 법으로 나라를 다스리고자 했습니다. 기원전 621년경, 아테네 사회의 갈등이 고조될 무렵에 아테네 최초의 법률가라고 할 수 있는 드라콘이 엄격한 법을 만들었습니다. 이를 드라콘 법이라고 합니다.

하지만 드라콘 법은 잉크로 쓰인 법이 아니라 피로 쓰인 법이라고 할 만큼 처벌 규정이 지나칠 정도로 엄격했습니다. 빵 한 덩어리만 훔쳐도 바로 사형에 처했으니까요. 죄의 무겁고 가벼움에 상관없이 사형이란 무거운 형벌을 내렸던 거예요.

아테네 시민들은 드라콘 법에 불만이 많았습니다. 그래서 아

○ 아레오파고스 언덕
아크로폴리스 서쪽에 있는 아레오파고스는 솔론 시대에 재판이 열리던 곳이었습니다. 솔론은 아레오파고스 회의에서 임명하던 아르콘(집정관)을 민회에서 선출하도록 했고, 귀족 정치를 금권 정치로 바꾸었습니다. 금권 정치란 재산의 정도에 따라 시민을 네 등급으로 나누고, 참정권을 차등적으로 부여하는 방식입니다.

테네의 정치가이자 시인인 솔론을 찾아가 새로운 법을 만들어 달라고 부탁했습니다. 솔론은 아테네의 위대한 지도자로서 당시 그리스의 7현인 가운데 한 사람이자 수석 집정관인 아콘이 었기 때문에 대중의 지지를 한 몸에 받으며 경제, 법률 등 사회 전반의 개혁을 단행했습니다. 기원전 594년에 만들어진 솔론 법은 매우 공정하고 인간적이라는 평가를 받았습니다.

하지만 아테네 시민들은 만족하지 못했습니다. 토지의 재분배를 기대한 평민들이나 노예 해방으로 손해를 본 귀족들 모두 솔론의 개혁에 불만이 많았거든요. 아테네 시민의 불만이 끊이지 않자 난처해진 솔론은 잠시 아테네를 떠나 있기로 했습니다. 그런데 그가 다시 돌아왔을 때 그의 친구인 페이시스트라토스가 독재의 야망을 품고 있다는 사실을 알게 되었습니다. 하지만 솔론에게 등을 돌린 아테네 시민들은 그의 말을 들으려 하지 않았습니다.

○ 올리브를 수확하는 농민들

아테네의 경제력은 올리브를 얼마나 재배하는지로 결정되었습니다. 실제로 올리브는 이민족이 가장 선호하는 약탈 품목이기도 했습니다. 올리브가 평화의 상징이 된 것은 바로 이 때문입니다.

민주주의의 씨앗

기원전 560년경에 페이시스트라토스가 정권을 장악했습니다. 그는 분명 정당한 방법으로 지배자가 되었다고 할 수 없습니다. 아이들의 무리 속에서 저 혼자 대장 노릇을 하려는 아이와 같았기 때문입니다. 이런 식으로 권력을 잡은 사람을 참주라고 합니다. 참주란 불법적으로 권력을 잡은 사람을 가리키는 말입니다. 그러나 페이시스트라토스는 선정을 베풀었습니다. 귀족과 평민의 갈등을 해결했고, 솔론의 법에 따라 통치했으며, 아테네의 발전과 시민의 생활을 개선하는 데 크게 기여했습니다.

❂ 이름을 새긴 도편
클레이스테네스는 부정한 방법으로 권력을 욕심내는 사람들이 생기지 않도록 하기 위해 기원전 500년경에 도편 추방제를 실시했습니다.

그가 남긴 또 다른 업적은 사람들에게 고전 문학을 가르침으로써 문맹률을 낮추고 시민의 교양을 함양했다는 데 있습니다. 페이시스트라토스는 입에서 입으로 전해지던 호메로스의 시를 정리해 시민들에게 보급했습니다. 일종의 교과서인 셈이에요. 그의 인기는 하늘 높은 줄 모르고 치솟았지만, 무능한 아들에게 권력을 이양함으로써 기원전 510년경에 아테네에서 쫓겨났어요.

페이시스트라토스 이후에 귀족과 평민 간의 분쟁을 조정하는 데 기여한 인물은 클레이스테네스였습니다. 학교에서 반장 선거를 할 때는 한 사람당 한 장의 쪽지를 받아서 이름을 적어 냅니다. 하지만 그 옛날의 아테네에서는 그렇게 하지 않았어요. 가난한 사람에게는 한 장의 쪽지만 주고 돈이 많은 사람에게는 더 많은 쪽지를 준 거예요. 이런 제도의 변화를 주장하고 개혁을 통해 민주주의의 초석을 다진 인물이 바로 클레이스테네스입니다.

클레이스테네스는 투표권을 많이 가지고 있던 귀족의 원로원에 맞설 수 있는 새로운 회의를 만들었어요. 지역마다 50명씩 추첨으로 선발된 500인의 평의회가 바로 그것이에요. 재미있는 것은 투표를 거치지 않고 제비뽑기처럼 추첨을 했다는 거예요. 그래서 누구나 한 번쯤은 평의회에 들어가서 정치를 할 수 있었어요. 또한 클레이스테네스는 부정한 방법으로 권력을 욕심내는 사람들이 생기지 않도록 하기 위해 기원전 500년경에 도편 추방제를 실시했습니다. 이 제도는 아테네의 안정을 위협하는 사람의 이름을 도자기 조각(도편)에 새겨서 투표 상자에 집어넣는 제도였습니다. 이렇게 표를 받은 사람은 아테네를 떠나 10년 동안 국외에 머물러야 했습니다. 🐌

도편 추방제는 아테네 사회에 위협이 되는 인물을 다수결로 뽑아 추방하는 제도입니다. 그렇다면 다수결이 언제나 옳은 결정을 내리게 도와줄까요?

다수결의 원칙은 공동체 사회를 유지하기 위해 도입한 민주적인 의사 결정 방식 가운데 하나입니다. 즉 다양한 구성원의 이해관계가 서로 복잡하게 얽혀 있어서 만장 일치가 불가능할 때, 되도록 많은 사람이 수용할 수 있는 합리적인 절차로서 다양한 의견을 주고받는 토론의 과정을 거쳐 갈등을 효율적으로 조정하는 과정이 바로 다수결인 것입니다. 요컨대 다수결이란 독단적인 횡포를 이성적인 토론과 표결을 이용해 보완하는 제도라고 할 수 있습니다. 물론 다수의 의견이 항상 옳은 것은 아닙니다. 다수의 사람들이 생각을 잘못하거나 함께 공모해서 좋지 못한 방향으로 사회를 이끌 수도 있기 때문입니다. 따라서 그저 표결의 결과에만 의존하는 것은 진정한 민주주의라고 할 수 없습니다. 소수의 의견도 존중함으로써 전체와 개인의 의견을 통합하는 것이야말로 진정한 민주주의 정신일 것입니다.

24 왕을 쫓아낸 로마
로마 시대

예 부터 '로마에 가면 로마법을 따르라'는 속담이 있습니다. 여러분도
한 번은 들어보았을 거예요. 이 말은 상황에 맞게 행동하라는 뜻인
데, 좀 더 생각해 보면 로마에서 법을 얼마나 소중하게 생각했는지 알 수
있습니다. 사실 로마의 법률은 콜로세움보다 더 뛰어난 문화유산이랍니
다. 오늘날 여러 나라의 법률 체계가 로마법을 근간으로 하고 있는 것만
보아도 당시의 로마법이 얼마나 발달해 있었는지 알 수 있겠죠. 물론 그런
수준의 법이 하루아침에 완성되지는 않았을 거예요. 수많은 우여곡절이
있었지만 로마 시민들이 공동의 가치를 위해 힘을 합쳐 그 위기를 잘 넘긴
덕분이랍니다.

- **기원전 508년경** 로마 공화정의 창시자 루키우스 브루투스가 로마의 마지막 전제 군주 타르퀴니우스 수페르부스를 몰아내고 원로원을 중심으로 공화정을 실시하다.
- **기원전 494년경** 평민회에서 평민 호민관을 선출하다. 이들은 평민의 요구를 대변하거나 이에 대한 관심을 환기시키는 일을 하다.
- **기원전 450년경** 평민의 요구에 따라 로마 최초의 성문법을 제정하다. 이를 12표법이라고 한다. 법전의 내용을 새겨서 시장에 걸어 놓다.

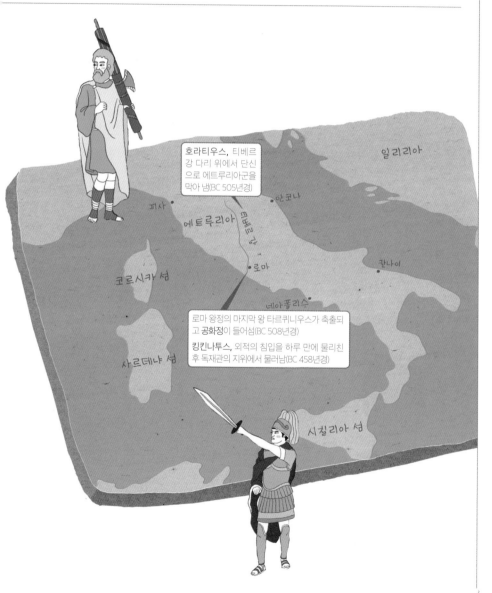

호라티우스, 티베르 강 다리 위에서 단신으로 에트루리아군을 막아 냄(BC 505년경)

로마 왕정의 마지막 왕 타르퀴니우스가 축출되고 공화정이 들어섬(BC 508년경)

킹킨나투스, 외적의 침입을 하루 만에 물리친 후 독재관의 지위에서 물러남(BC 458년경)

일리리아

안코나

피사

에트루리아

티베르 강

로마

칸나이

코르시카 섬

네아폴리스

사르데냐 섬

시칠리아 섬

왕정을 넘어

기원전 509년의 일입니다. 로마도 아테네처럼 재산이 많고 교육을 받은 '귀족'과 재산도 없고 교육도 받지 못한 '평민'이 대립해 갈등을 빚고 있었습니다. 그런데 아테네와 달리 로마에서는 평민에게 투표권이 주어지지 않았습니다. 로마에서 국민이란 귀족과 기사 계급만을 가리키는 말일 뿐, 평민은 국민 대접을 받지 못한 거예요. 로마의 마지막 왕인 타르퀴니우스 수페르부스가 평민에게 투표권을 주지 않겠다고 선언했기 때문입니다.

이런 상황에서 루키우스 브루투스가 쿠데타를 일으켰습니다. 타르퀴니우스가 로마에서 쫓겨난 이후 로마 시민들은 더 이상 왕을 받아들일 수 없었습니다. 그래서 로마는 오늘날 대통령을 뽑는 것과 같은 방식으로 공화정이라는 정치 체제를 선택했습니다. 즉 매년 두 사람을 통치자로 선출하고 이들을 집정관이라고 불렀던 거예요. 집정관 한 사람에게는 릭토르라고 불리는 12명의 수행원이 따라다녔습니다. 이들은 언제나 집정관의 위엄을 나타내는 파스케스라는 물건을 들고 다녔습니다. 파스케스는 나무 막대기 다발에 도끼를 끼워 넣은 모양을 하고 있는데, 오늘날 미국의 법원이나 시청, 국회 의사당 같은 건물에 장식처럼 사용되곤 합니다. 왜 그런 곳에 파스케스를 놓았다고 생각하나요? 그것은 바로 공권력을 나타내는 상징물이기 때문입니다.

로마에서 추방당한 타르퀴니우스는 몇몇 귀족의 자제들과 함께 반란의 음모를 꾸몄는데, 그중에는 브루투스의 두 아들도 포함되어 있었습니

○ 루키우스 브루투스
로마의 집정관으로 공화정의 창시자입니다. 쿠데타를 일으켜 타르퀴니우스를 몰아내고 왕정을 종식시켰어요.

다. 브루투스는 무척 마음이 아팠겠지만 로마법에 따라 두 아들에게 사형을 선고했습니다. 그는 아버지이기에 앞서 로마의 집정관이자 투철한 공화정의 수호자였기 때문이에요.

로마에서 공화정이 실시되면서 평민의 권리도 갈수록 커졌습니다. 기원전 494년에는 평민이 평민회에서 직접 호민관을 선발하는 제도까지 신설했거든요. 호민관은 원로원의 결정에 거부권까지 행사할 수 있을 정도로 권한이 막강했습니다. 사람들은 대체로 하나를 주면 하나를 더 달라고 하죠. 로마의 평민들도 여기에 그치지 않고 원로원의 귀족들을 더욱 압박했어요. 그 결과 기원전 450년경에는 평민의 권력을 아예 법으로 명시한 '12표법'이 제정됐답니다.

⊕ 파스케스를 반납하는 킨킨나투스

미국 신시내티에 있는 동상입니다. 킨킨나투스는 로마가 위기에 처했을 때 장군이 되어 적을 물리친 후 농부의 삶으로 돌아갔어요. 한 손으로는 권력의 상징인 파스케스를 반납하고 있고, 한 손에는 농부의 상징인 쟁기를 들고 있습니다.

기원전 369년에는 고대 로마의 신분 투쟁사에 한 획을 긋는 법이 제정됩니다. 연도는 '3에 3을 더하면 6, 6에 3을 더하면 9' 이런 식으로 3을 더해 나가면 369가 되니 쉽게 외울 수 있겠죠. 호민관 리키니우스와 섹스티우스의 제안에 따라 제정됐기 때문에 리키니우스 섹스티우스 법이라고 합니다. 정치적으로는 두 명의 집정관(콘술) 중 한 명은 평민에서 선출하고, 경제적으로는 빈부의 격차를 줄이기 위해 1인당 국유지 점유 면적을 제한한다는 것이 내용의 골자입니다. 이 법의 목적은 이민족과의 싸움에서 평민의 지지를 이끌어 내고 공동체를 강화하려는 데 있었습니다. 하지만 실제로 집정관이 되어 정치에 참여한 평민은 극히 일부에 불과했습니다.

기원전 287년 독재관이었던 호르텐시우스는 평민회의 입법권을 인정해 귀족과 평민의 법적 평등을 보장하는 법을 제정함으로써 기원전 5세기 이후 계속된 신분 투쟁을 사실상 종결시켰습니다.

다리 위의 호라티우스

로마에는 용감한 병사들의 이야기가 많습니다. 그중 코클레스 호라티우스의 이야기가 가장 유명한데, 그의 이야기를 시작하려면 타르퀴니우스의 이야기부터 시작해야 합니다. 로마에서 쫓겨난 타르퀴니우스는 무척 끈질긴 사람이었습니다. 첫 번째 쿠데타에 실패한 후, 그 이듬해에 이웃 나라인 에트루리아인과 손을 잡고 다시 쿠데타를 시도했습니다. 성 앞까지 들이닥친 타르퀴니우스의 군대를 보고 로마는 큰 혼란에 빠졌습니다. 타르퀴니우스의 군대가 끝이 안 보일 정도로 많은 데 비해 로마에는 변변한 군대가 없었으니까요.

그때 절망 속에 있던 로마를 구한 한 병사가 있었습니다. 아침부터 동료 두 명과 함께 다리를 지키고 있던 호라티우스라는 병사였습니다. 호라티우스는 있는 힘껏 소리를 질렀습니다. "다리를 끊어! 다리를 끊어 버리란 말이야!" 로마 병사들이 다리를 끊는 동안 호라티우스는 같이 있던 병사

◑ 부부의 관

고대 에트루리아인 부부가 관 위에 다정히 앉아 있습니다. 죽어서도 함께하고 싶었나 봐요. 루브르 박물관에서 인기 있는 소장품 중의 하나입니다.

와 함께 다리 건너편에서 에트루리아 군대를 막아 냈습니다. 마침내 다리가 끊어지려는 찰나에 호라티우스는 함께 싸우던 부하 둘에게 다리가 무너지기 전에 어서 돌아가라고 소리쳤습니다. 호라티우스는 혼자 힘으로 적군을 막아 내다가 왼쪽 눈에 화살을 맞았습니다. 부상을 입은 호라티우스는 다리가 끊어져 강에 빠지게 되었습니다. 그는 갑옷을 입은 채로 강물에 뛰어들어 로마 쪽을 향해 헤엄쳤습니다. 에트루리아 병사들이 쏜 화살이 사방에서 쏟아지고 갑옷의 무게 때문에 수영하기가 어려웠지만 반대편 강가에 무사히 도착했습니다. 그러자 적군이던 에트루리아 병사들마저도 호라티우스의 용감한 행동에 감동해 큰 박수를 보냈답니다.

로마인들은 호라티우스의 용감한 행동을 노래하는 「다리 위의 호라티우스」라는 유명한 시를 만들어 전했습니다. 후손들이 그를 존경하며 따르기를 바랐던 거지요.

브루투스와 호라티우스는 나중에 또 나옵니다. 그러나 이름은 같지만 다른 사람들이에요. 여러분도 카이사르를 암살한 마르쿠스 브루투스는 알고 있겠죠. 브루투스 진영에 가담한 적이 있는 퀸투스 호라티우스는 유명한 시인입니다. '카르페디엠'이라고 들어보았나요? 영화 '죽은 시인의 사회'에서 키팅 선생이 학생들에게 이 말을 외치면서 유명해졌는데, '현재를 잡아라(Seize the day)'로 번역되는 라틴어입니다. 퀸투스 호라티우스가 이렇게 말했어요.

"신께서 오늘이 지난 다음 내일을 준다고 확신할 수 있는 자 누가 있는가?"

대장군 킹킨나투스

○ 로마의 부름을 받다
킹킨나투스가 독재관이 되기 위해 밭을 갈던 쟁기를 놓고 파스케스를 받으려 하고 있습니다.

이제 킹킨나투스라는 로마의 장군 이야기를 하려고 합니다. 그의 생애의 대부분은 전설로만 전해져 오고 있습니다. 전설에 의하면 그는 티베르 강가에서 농사를 지었는데, 매우 현명하고 어진 인물로서 주위 사람들로부터 칭송이 자자했고, 존경과 신뢰를 한 몸에 받고 있었습니다. 어느 날 로마 집정관의 군대가 아이퀴족에게 포위되었을 때, 혼란에 빠진 로마인들은 로마의 군대를 지휘할 유능한 장군을 원했습니다. 그래서 킹킨나투스를 찾아가 독재관이 돼 달라고 간청했습니다. 독재관이란 갑작스러운 국난이 생기면 국난이 해결될 때까지 군대를 지휘하고 백성들을 다스릴 수 있도록 임명된 직위입니다.

킹킨나투스는 밭을 갈던 쟁기를 내팽개치고 로마로 가서 군대를 이끌고 나가 적군을 대파하고 다시 로마로 돌아왔습니다. 그것도 단 하루 만에 말이에요. 로마인들은 킹킨나투스가 로마를 구하면서 보여 준 신속하고 단호한 태도에 감탄하며 평화로운 시기에도 장군이 되어 달라고 부탁했어요. 킹킨나투스가 원하기만 한다면 왕으로까지 추대할 태세였지요. 그러나 킹킨나투스는 정중하게 거절했습니다.

왕이 될 수 있는 기회를 버리고 대신에 쟁기를 든 농사꾼의 삶을 선택한 거예요. 그의 행동은 로마 사회에 큰 본보기가 되었습니다. 오늘날에도 그의 정신을 이어받기 위해 미국 오하이오 주에 있는 한 도시는 킹킨나투스(Cincinnatus)의 이름을 따서 신시내티(Cincinnati)라고 이름을 지었답니다.

로마법이 세계 각국의 법률에 큰 영향을 미칠 만큼 발달하게 된 이유는 무엇일까요?

로마가 제국으로 성장하는 과정에서 여러 민족과 종교가 복잡하게 뒤엉키게 되었습니다. 따라서 사회 곳곳에서 민족과 종교의 갈등이 폭발했고, 이를 효과적으로 통제하기 위해서는 무엇보다 체계적으로 정비된 법이 필요했습니다. 이전까지 로마는 성문법인 12표법의 뒤를 이어 관습법인 시민법에 의해 다스려졌지만, 로마 시민이 아니라도 누구나 민족과 종교를 초월해 평등하게 적용할 수 있는 법이 필요하게 되자 그때그때의 필요에 따라 적용할 수 있도록 만민법이 제정되었습니다. 다시 말해 로마에는 시민법과 만민법이 공존했던 거예요. 이는 로마 문화의 가장 큰 특징이라고 할 수 있는 절충적·실용적 특징이 고스란히 반영된 결과라고 할 수 있습니다. 기원후 212년 로마 영내의 모든 주민에게 로마 시민권이 부여되면서 이후 로마법은 『유스티니아누스 법전』(『로마법 대전』)으로 통합되었습니다.

25 마라톤 전투 |
페르시아 제국

기원전 490년경에 일어난 마라톤 전투는 동양과 서양이 충돌한 최초의 본격적인 전쟁입니다. 대제국의 야망을 품은 페르시아 제국의 다리우스 1세는 이오니아의 반란에 대한 보복으로 소아시아 지역을 완전히 초토화한 후, 스키타이와 마케도니아까지 정복했어요. 그 여세를 몰아 다리우스 1세는 그리스 전역을 자신의 발아래에 두고자 했습니다. 그에게는 헤로도토스가 불사친위대(immortals)라고 칭한 1만 명의 정예 부대가 있었거든요. 더욱이 페르시아가 어른이라면 그리스는 아이에 불과했어요. 하지만 자존심을 건 페르시아와 목숨을 건 그리스 간의 전쟁에서 과연 누가 승리했을까요?

- **기원전 492년경** 제1차 페르시아 전쟁에서 다리우스 1세가 보낸 페르시아 원정군이 트라키아 해안에서 풍랑을
  만나 후퇴하다.
- **기원전 490년경** 제2차 페르시아 전쟁(마라톤 전투)에서 그리스가 대승을 거두다. 밀티아데스가 이끈 아테네군이
  제2차 페르시아 전쟁의 마라톤 전투에서 페르시아군에게 대승을 거두다. 아테네의 전령 페이
  디피데스는 마라톤에서 아테네까지 약 40킬로미터를 달려서 그리스의 승리를 알리고 숨지다.

사자의 코털을 건드리다

"페르시아 제국이 너무 많은 것 같아. 어떤 게 진짜 페르시아 제국이지?"세계사 공부를 하면서 누구나 한 번쯤 이런 의문을 품었을 겁니다. 이런 의문을 가지게 되는 데는 서양사 위주로 역사를 기술한 역사학자들의 책임이 큽니다. 고대와 중세에 페르시아 문물이 우리나라에 들어온 것을 감안할 때 페르시아의 역사는 유럽의 역사보다 더 세부적으로 비중 있게 다뤄져야 하지 않을까요? 더구나 페르시아는 세계 최초로 대제국을 건설했을 뿐 아니라 동서를 연결한 문화 대국이었습니다.

페르시아 제국은 오늘날 이란의 영토에 근거한 제국들을 서양에서 일반적으로 일컫는 말입니다. 아케메네스 왕조 페르시아를 페르시아 제국이라고 부르지만, 역사학자들은 그 후 1935년까지 이 지역에 일어났던 나라들까지 모두 페르시아 제국이라고 불렀습니다. 만약 서양 학자가 고조선, 고구려, 신라, 백제, 고려, 조선을 뭉뚱그려서 한국왕국이라고 부른다면 우리나라 사람들이 좋아할까요?

역사는 앞뒤가 어떻게 이어지는지 계보를 파악하는 것이 중요합니다. 지금까지 언급된 페르시아 제국을 정리하고 넘어가 볼까요?

메디아 제국(BC 728년~BC 550년)에 이어
아케메네스 왕조 페르시아 제국(BC 550년~BC 330년)이 들어서고,
알렉산드로스 제국의 점령기(BC 330년~BC 250년)를 거쳐, 파르티아
제국(BC 250년~AD 226년)이 들어서고,
사산 왕조 페르시아 제국(226년~651년)이 파르티아를 통합합니다.

○ 동물 장식 뿔잔

키루스 2세와 다리우스 1세 때 사용했던 잔들입니다. 뿔잔 아래에 작은 구멍이 있어 아래로 흘러나온 술을 받아 마시도록 되어 있어요. 너무 아름답고 위엄이 서려 있어 절로 경건해지지 않을 수 없겠지요. 위대한 예술 직품은 왕이나 귀족의 권위를 내세우기 위해 만들이졌다고 볼 수 있습니다.

대영박물관 소장

아케메네스 왕조 페르시아를 세운 키루스 2세의 뒤를 이은 캄비세스 2세는 대단한 인물이었습니다. 이집트를 넘어 북동아프리카까지 영토를 넓혔으니까요. 기원전 521년 아케메네스 왕조의 3대 왕이 된 다리우스 1세는 인더스 강에서 지중해 동부에 이르는 대제국을 건설했습니다. 이제 다리우스 1세가 정복할 나라는 그리스밖에 남지 않았어요. 페르시아는 우선 소아시아 지역에 있는 그리스 식민 도시들을 점령했습니다. 그리스는 부유한 식민 도시들이 페르시아의 지배를 받게 되자 자존심이 무척 상했답니다. 하지만 페르시아가 워낙 강했기 때문에 어떻게 손을 쓸 수가 없었어요.

그런데 그리스의 지원을 받은 이오니아가 페르시아에 반란을 일으켰어요. 페르시아가 아무리 강한 나라라고 해도 무방비 상태에서 갑자기 공격하면 당할 수밖에 없지요. 실제로 페르시아의 대도시 사르데스가 초토화됐답니다. 어린아이에게 느닷없이 기습을 당한 어른이 가만히 있었겠어요? 다리우스 1세는 이오니아의 반란을 바로 진압하고, 내친김에 평소 눈엣가시처럼 여기던 그리스까지 손을 보기로 했어요. 유일하게 정복하지 못한 곳인 데다가 크기도 조그만 나라가 이오니아의 반란을 도와주었으니 아마 화가 무척 났을 거예요.

그렇다고 자신이 직접 전쟁에 나서기는 자존심이 상

○ 스키타이족 사신을 맞는 다리우스 1세
다리우스 1세가 스키타이족 사신을 맞이하고 있습니다. 스키타이족은 페르시아의 용병으로 활약했습니다.

했던지 먼저 사위를 보냈습니다. 그러나 하늘은 그리스의 편이었던 걸까요? 다리우스 1세의 사위인 마르도니우스 장군은 그리스에 도착하기도 전에 바다에서 풍랑을 만나 전함 300여 척과 병사 1만 명을 잃고 돌아왔습니다. 다리우스 1세는 그리스를 정복하지 못한 사위에게 화가 났지만, 폭풍을 일으킨 신에게도 화가 났을 거예요. 결국 2년 후 다리우스 1세는 직접 군대를 이끌고 나섰습니다.

그는 공격에 앞서 그리스의 모든 도시 국가에 전령을 보냈습니다. 전쟁을 치르지 않고 페르시아 제국의 백성이 될 마음이 있다면 전령에게 흙과 물을 보내라고 위협했어요. 대부분 도시에서는 다리우스 1세의 기세에 눌려 전령에게 흙과 물을 내주었습니다.

그러나 다리우스 1세의 경고에 꿈쩍도 하지 않는 도시가 있었어요. 바로 아테네와 스파르타였습니다. 아테네에서는 다리우스 1세가 보낸 전령을 우물에 집어던지면서 직접 와서 흙과 물을 가져가라며 소리쳤다고 합니다. 스파르타의 저항도 만만치 않았어요. 결국 두 도시 국가는 동맹을 맺고, 이웃 도시의 도움을 요청했습니다.

다리우스 1세는 그리스를 호시탐탐 노리고 있었기 때문에 전쟁 준비를 모두 마친 상태였습니다. 바다를 건너 아테네로 진군하기 위해 필요한 전함도 모두 준비되어 있었습니다. 당시 전함으로는 삼단 노선이 널리 사용되었는데, 삼단노선이란 갑판 아래를 3단으로 나누어 한꺼번에 여러 개의 노를 저어 배를 빠르

밀티아데스의 투구

아테네의 장군 밀티아데스
는 마라톤 전투에서 페르시
아군을 대패시켰습니다. 그
는 자신이 쓰던 투구를 제우
스 신전에 바쳤습니다.

게 움직이도록 만든 배예요. 당시 이런 배가 600여 척이나
동원됐다고 하니까 배 한 척당 200명의 병사가 타고
있었다면 모두 12만 명의 대군이 동원된 셈이에요.

이번 전쟁은 신이 허락한 걸까요? 다리우스 1세는 풍
랑도 만나지 않고, 안전하게 그리스 해안에 도착했습니
다. 그는 전투를 치를 장소로 해안 근처의 마라톤 평원
을 골랐어요. 백전노장인 다리우스 1세는 수적으로 우세한 자
신의 군대에게 산지보다 평원이 유리할 것이라고 생각했거든
요. 페르시아 전함은 마라톤 평원에 닻을 내렸습니다.

페르시아가 쳐들어왔다는 소식을 들은 아테네는 동맹군인 스
파르타에 급히 도움을 요청했습니다. 지금처럼 핸드폰과 같은
연락 수단이 없었기 때문에 아테네에서 가장 빠른 마라톤 선수
페이디피데스를 스파르타에 보냈어요. 페이디피데스는 아테네
에서 스파르타까지 약 240킬로미터나 되는 거리를 쉬지도 않
고 먹지도 않은 채 이틀 만에 도착했습니다.

그러나 스파르타의 대답은 당장 출전할 수 없다는 것이었습
니다. 우리가 빨간색으로 이름을 쓰는 것을 피하듯이 스파르타
인들은 먼 길을 떠나거나 출전할 때 보름이 아닌 날을 피했기
때문이에요. 아테네로서는 코앞에 적을 두고 보름이 될 때까지
기다릴 수 없는 상황이었습니다.

당시 아테네군의 지휘관 밀티아데스 장군은 1만 명의 군대를
이끌고 출전했습니다. 주위의 도시에서 보내온 1,000명을 합해
도 페르시아 군대의 10분의 1도 되지 않는 터무니없는 규모였
습니다. 그리스 병사 한 명이 페르시아 병사 열 명을 상대해야

할 판이었어요. 그러나 평소 운동으로 다져진 아테네 병사들은 전혀 두려워하지 않았습니다.

물론 밀티아데스는 평야에서 페르시아 기병대와 싸울 생각이 없었습니다. 그렇게 대치하고 있던 어느 날, 페르시아 기병대가 진영을 비우자 페르시아 보병을 급습하고 페르시아 주력 부대를 유인해 포위했습니다. 이 전투로 페르시아군은 약 6,400여 명이 전사했지만, 그리스군은 겨우 192명이 목숨을 잃었습니다. 조국과 가족을 지키려는 아테네 병사들의 정신력이 페르시아를 무너뜨린 거예요.

여러분도 산토끼를 놓친 사냥개의 이야기를 들어본 적이 있을 거예요. 산토끼를 놓친 사냥개가 주인에게 놀림을 받았습니다. 그러자 사냥개가 이렇게 말했답니다. "전 사냥을 하기 위해 달렸지만 토끼는 죽지 않으려고 달렸잖아요."

페르시아군은 바다 건너 멀리 떨어져 있는 조국이나 가족을 위해 싸운 것이 아니었습니다. 돈을 받고 싸우던 용병이나 노예들이라 어느 쪽이 이기든 상관이 없었어요. 왕이 명령을 내렸기 때문에 왕을 위해 싸운 것뿐이에요. 그러니 그리스 군대가 승리하는 건 당연한 일이 아니었을까요?

◐ 페이디피데스

인류 최초의 마라토너 페이디피데스는 아테네의 승리를 기적으로 승화시켰습니다. 설령 그것이 전설에 불과할지라도 근대 올림픽 대회를 부활시킨 주인공임에는 틀림없습니다.

마라톤의 유래

전하는 말에 따르면 스파르타에서 돌아온 페이디피데스는 아테네의 기적적인 승리를 전하기 위해 다시 아테네로 달렸다고 합니다. 숨을 돌릴 틈도 없이 마라톤 평원에서 아테네까지 약 40킬로미터를 달린 탓인지 아테네에 도착하자마자 "우리가 이겼다!"라는 말을 남기고 숨을 거두었어요. 하지만 마라톤 전쟁을 기록한 헤로도토스의 『역사』에는 그런 기록이 없습니다.

물론 근대 올림픽 대회에 마라톤 종목이 포함된 것은 페이디피데스의 고사에서 영향을 받은 것이 사실입니다. 1896년 쿠베르탱 남작이 근대 올림픽 대회를 부활시킬 때, 프랑스의 언어학자인 미셸 브레알 교수가 마라톤 전투의 고사를 언급하며 마라톤을 정식 종목으로 추천해 채택하게 되었지요.

실제로 페이디피데스의 죽음을 기리기 위해 마라톤 경기의 거리를 그가 달린 거리로 정했다고 합니다. 하지만 처음부터 그 거리가 42.195킬로미터는 아니었습니다. 지금의 거리는 1908년 제4회 런던 올림픽 대회에서 영국 왕실의 요청에 따라 채택되었습니다. 그런데 그렇게 요청한 이유가 마라톤의 출발과 도착 장면을 왕궁에서 편안히 보기 위해서라니 조금 엉뚱하죠? 마라톤 전투에서 어이없이 패전한 페르시아의 후예인 이란은 마라톤 출전을 금지하고 있습니다. 실제로 그동안 올림픽 대회에서 이란 선수가 마라톤 종목에 출전한 경우는 단 한 번도 없어요. 심지어 테헤란에서 개최된 1974년 제7회 아시안 게임에서는 마라톤 종목이 제외될 정도였습니다.

○ **손기정의 청동 투구**
1936년 제11회 베를린 올림픽 대회 마라톤 우승자인 손기정 선수가 부상으로 받았습니다. 기원전 6세기경 그리스의 코린트에서 만들어진 투구인데, 외국 유물 이지만 역사적 가치를 인정받아 보물 제904호로 지정되었습니다.

아테네 군대가 페르시아 군대를 이길 수 있었던 까닭은 무엇일까요?

아테네군을 지휘했던 밀티아데스 장군이 적의 전략을 잘 알고 있었을 뿐만 아니라 목숨을 걸고 싸울 의지가 전혀 없었던 페르시아 탈영병에게서 페르시아 기병대가 해안 침투를 위해 진영을 비웠다는 정보를 입수한 것이 승리의 결정적인 요인이 되었습니다. 물론 아테네군의 최대 장점은 자발적인 참전 의지에서 찾을 수 있습니다. 왕의 명령에 따라 억지로 출전한 페르시아 군인들은 싸우겠다는 의지가 약했지만, 아테네 군인들은 국가의 존폐와 가족의 생명을 지키기 위해 목숨을 걸고 싸우겠다는 의지가 강했거든요. 결과적으로 이러한 차이는 아테네에 민주주의 의식이 싹트면서 그들에게 일종의 주인 의식이 생겼기 때문이라고 할 수 있습니다. 남이 시켜서 억지로 하는 일과 자신이 원해서 기꺼이 하는 일의 결과가 같을 수는 없겠죠. 전쟁도 마찬가지입니다.

26 살라미스 해전|
페르시아 제국

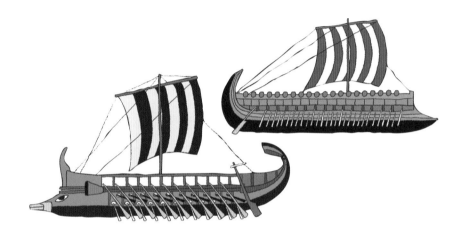

다리우스 1세의 뒤를 이어 페르시아의 왕이 된 크세르크세스 1세는 아버지와 마찬가지로 그리스 정벌을 꿈꾸며 무려 3년 동안 전쟁을 준비했습니다. 헤로도토스의 기록에 따르면 병사 규모가 무려 200만 명에 이를 정도였다고 합니다. 그러나 페르시아 함대는 테미스토클레스의 계략에 말려 살라미스의 협곡에 갇힌 채 그리스 함대의 공격을 받고 자기편 배에 부딪혀 침몰하는 지경에 이르렀어요. 의기양양하던 크세르크세스 1세는 살아남은 병사들을 이끌고 왔던 길로 도망쳐야 했습니다. 이순신 장군의 명량 대첩과 같은 해전이 벌어졌던 거예요.

-500   0   500

- **기원전 492년경** 페르시아 전쟁이 시작되다. 소아시아에 있는 그리스 도시들의 반란을 지원한 데 대한 보복 조치로 페르시아가 그리스를 침략하다.
- **기원전 480년경** 제3차 페르시아 전쟁에서 테르모필라이 요새를 지키던 300명이 레오니다스 결사대가 몰살당하다. 테미스토클레스가 이끈 그리스군이 살라미스 해전에서 크세르크세스 1세의 페르시아군을 대파하다.

크세르크세스 1세가 이끄는 페르시아군, 테르모필라이 전투(BC 480년경)에서 그리스군을 대파

스파르타의 왕 레오니다스, 테르모필라이 전투에서 300명의 결사대와 함께 전사함(BC 480년경)

그리스의 지원을 받은 이오니아, 페르시아의 대도시 사르데스를 초토화시킴(BC 490년경)

테미스토클레스가 이끈 그리스군, 살라미스 해전에서 페르시아군을 대파(BC 480년경)

사오트라케 섬
트로이
헬레스폰트 해협
(다르다넬스 해협)
라리사
레스보스 섬
페르시아 제국
사르데스
테르모필라이
델포이
테베
마라톤
이오니아
에페수스
올림피아
살라미스
코린트
아테네
밀레투스
타라스
스파르타
로도스 섬

Themistocles

유비무환의 교훈

제3차 페르시아 전쟁은 예정된 전쟁이었습니다. 누구도 정확한 시기를 몰랐을 뿐이죠. 당시 아테네에는 테미스토클레스와 아리스티데스라는 두 명의 지휘관이 있었습니다. 테미스토클레스는 페르시아의 침략에 대비해 군사력을 증강해야 한다고 주장했습니다. 특히 페르시아 함대를 상대할 함대가 필요하다고 강조했습니다. 반면에 아리스티데스는 쓸데없이 국력만 낭비하는 일이라며 전쟁 준비를 강하게 반대했습니다. 아테네 시민들은 혼란스러웠어요. 현실적인 테미스토클레스의 주장도 옳고, 공명정대한 아리스티데스의 주장도 옳았기 때문입니다.

하지만 테미스토클레스를 지지하는 사람들이 조금 더 많았습니다. 그래서 일부 아테네 시민들은 투표를 통해 아리스티데스를 추방하려고 했습니다. 기원전 500년경에 클레이스테네스가 도입한 도편 추방제를 기억하고 있죠? 투표하는 날, 글을 모르는 한 남자가 아리스티데스에게 대신 투표를 도와달라고 부탁했습니다. 아리스티데스가 누구의 이름을 적고 싶은지 묻자 남자는 "아리스티데스!"라고 대답했습니다. 아리스티데스는 자신의 신분을 감춘 채 물었습니다.

"그를 왜 쫓아내려고 하시오? 그가 당신에게 잘못한 거라도 있소?"

그러자 남자는 이렇게 대답했습니다.

"아닙니다. 특별히 잘못한 건 없습니다. 다만 그가 공명정대하기만 하다는 것이 싫습니다."

아리스티데스는 뜻밖의 대답에 놀랐지만 도자기 조각에 자신

❂ 테미스토클레스
페르시아의 위협에 맞서기 위해 군비를 증강해야 한다고 주장한 테미스토클레스는 도편 추방제를 활용해 정적인 아리스티데스를 추방하고 정권을 잡았습니다.

❂ '아리스티데스'라는 글자가 새겨진 도편

의 이름을 적었습니다. 결과적으로 그 일로 인해 아테네는 제때 전쟁 준비를 마칠 수 있었고, 무적의 삼단노선 함대도 구축할 수 있었습니다. 그리스의 모든 도시 국가가 힘을 합치기로 결의했고, 병사들의 도시로 이름을 떨치던 스파르타가 선두에 서서 그리스의 모든 도시 국가를 이끌기로 합의했습니다.

200만 명의 페르시아군이 몰려오다

마라톤 전투가 끝난 지 꼭 10년 만에 페르시아 대군이 다시 그리스로 쳐들어왔습니다. 그것도 무려 200만 명의 대군을 이끌고 말이에요. 그런데 그 많은 병사들을 한꺼번에 실어 나를 수 있는 배가 없었습니다. 당시 전 세계의 배를 모두 끌어 모아도 모자랄 판이었습니다. 그래서 크세르크세스 1세는 병사들을 이끌고 그리스로 향하는 육로를 따라 진군했습니다. 그리스로 가는 길목에는 바다라고 하기에는 좁지만 강이라고 하기에는 넓은 헬레스폰트 해협(지금의 다르다넬스 해협)이 있었는데, 그곳을 건너기 위해서는 배끼리 단단히 묶어 다리를 만들어야 했습니다.

헬레스폰트 해협
다르다넬스 해협의 옛 이름으로 에게 해와 마르마라 해를 잇는 터키 북서부의 좁은 해협을 말한다. 가장 좁은 곳의 너비는 1.2킬로미터 정도다.

그러나 좀처럼 다리를 완성할 수 없었습니다. 번번이 풍랑이 일어 다리를 부수곤 했거든요. 거센 파도를 보고 화가 난 크세르크세스 1세는 노예를 채찍질하듯 헬레스폰트 해협의 바닷물을 휘저으라는 명령을 내렸습니다. 그러자 바다가 잔잔해져서 병사들이 안전하게 건널 수 있었습니다.

크세르크세스 1세의 군대는 병사 수가 어마어마해서 두 줄로 늘어서서 반대편 해안까지 모두 건너는 데 밤낮으로 꼬박 7일이 걸렸다고 합니다. 군대가 다리를 건너는 사이에 함대가 가까

🔵 사모트라케의 니케

에게 해의 사모트라케 섬에서 발견된 '승리의 여신상'입니다. 그리스는 페르시아와의 전쟁에서 승리한 후 아테네에 니케 신전을 세웠습니다. 뱃머리에 니케를 세우는 전통은 살라미스 해전 이후에 형성됐을 것으로 추정됩니다. 하늘에서 막 내려와 그리스 선단의 뱃머리에 올라와 있는 모습인데, 바닷물이 튀는 바람에 시스루 의상이 젖어 다리에 휘감겨 있습니다. '가리되 가리지 않은 것처럼'보이게 하는 당시 그리스의 의상 풍속도를 엿볼 수 있습니다. 니케의 모습에 반한 시인 릴케는 들뜬 나머지 "사모트라케의 니케를 보면 예술의 진정한 기적, 새로운 세계를 직감하지 않을 수 없다."라고 극찬했습니다. 영화 '타이타닉'에서 여주인공이 뱃머리에서 팔을 펼치는 장면은 '사모트라케의 니케'를 떠올리게 합니다. 나이키 사는 니케 상의 날개를 보고 나이키 마크를 생각해 냈다고 하네요. 박물관의 유물이 다양한 아이디어의 원천이 된 거지요. BC 190년경. 루브르 박물관 소장이 따라가며 엄호해 주어 마침내 그리스 북쪽 끝에 무사히 도착할 수 있었습니다. 페르시아 군대는 남쪽으로 진군하면서 마주치는 모든 도시를 초토화시켰습니다. 세상 그 무엇도 페르시아 군대를 막지 못할 것만 같았습니다.

1대 1,000의 싸움

페르시아 대군이 아테네로 진격하려면 테르모필라이(Thermopylae)라고 불리는 좁은 고갯길을 통과해야만 했습니다. 지명에 보온병(Thermos bottle)을 뜻하는 단어가 들어가 있어서 이미 눈치를 챘겠지만 근처에 온천이 있어서 붙여진 이름입니다. 말 그대로 '뜨거운 통로'인 셈입니다. 그리스는 이 고갯길에서 페르시아 군대를 막는 것이 최선이라고 판단하고, 스파르타의 왕 레오니다스가 이끄는 7,000명의 그리스 연합군 병사로 페르시아 대군을 막기로 했습니다.

크세르크세스 1세는 그리스 병사 수가 많지 않다는 것을 알고 있었기 때문에 항복을 권유했습니다. 레오니다스는 뭐라고 대답했을까요? 스파르타인답게 짧고 간단히 "싫다."라고 대답했습니다. 사실 스파르타 병사들은 항복은커녕 포기하는 법도 몰랐습니다. 그런 걸 아예 가르친 적도 없고 배운 적도 없었거든요. 스파르타의 어머니들은 아이들에게 이렇게 말하곤 했습니다.

"전쟁에 승리해 방패를 들고 오든지, 아니면 명예롭게 전사해 방패에 실려 오너라."

페르시아 군대는 사력을 다했지만 이틀 동안 제자리를 벗어나지 못했습니다. 그런데 전투에 지친 그리스 연합군의 한 병사가

◉ 레오니다스

스파르타의 왕 레오니다스는 좁은 고갯길인 테르모필라이에서 고작 7,000명의 병사로 100만 명에 이르는 페르시아 군대와 맞서 싸우다 옥쇄했습니다. 나라를 지키기 위해 옥처럼 아름답게 깨어져 부서진 거예요.

목숨을 구걸하고 포상을 받을 욕심으로 크세르크세스 1세에게 고갯길을 통과할 수 있는 비밀 통로를 알려줬습니다. 마지막 결전을 앞둔 레오니다스는 죽음을 두려워하는 그리스 연합군 병사들에게 퇴각을 명령하고, 스파르타인들로 이루어진 300명의 병사들과 함께 죽기를 각오하고 싸우다가 모두 전사했습니다.

살라미스 해전

그리스인들은 기세등등하게 진군하는 페르시아 대군을 막을 길이 없었기 때문에 서둘러 델포이 신전으로 달려가 신탁을 구했습니다. 신탁에 의하면 아테네는 패망할 운명이지만 아테네 시민들은 나무로 만든 벽 덕분에 살아남을 것이라고 했습니다.

　신탁은 수수께끼 같아서 그 뜻을 제대로 해독하기 어려웠습니다. 그러나 테미스토클레스는 그 뜻을 금방 알아차렸습니다. 평소 함대를 구축해야 한다고 강조했던 인물이라 신탁의 내용에서 언급한 나무로 만든 벽이 배를 가리키는 말이라고 생각했거든요. 아테네 시민들은 테미스토클레스의 지시에 따라 아테네에서 멀지 않은 살라미스 만으로 가서 배에 올라 탔습니다.

　페르시아 대군이 아테네에 도착했을 때, 이미 도시는 텅 비어 있었습니다. 그들은 도시를 불태우고 파괴했습니다. 신탁의 예언대로 된 거예요. 그리고 살라미스 만으로 진군했습니다. 살라미스 만이 내려다보이는 언덕에 자리를 잡은 크세르크세스 1세는 특별석에 앉아 연극을 관람하듯 페르시아의 대

○ 크세르크세스 1세
페르시아의 대규모 함대가 그리스의 함대를 짓밟는 광경을 구경하려고 살라미스 만이 내려다보이는 언덕에 자리를 잡고 앉았습니다. 하지만 테미스토클레스의 계략에 말려 참패당하고 맙니다.

○ 살라미스 해전

크세르크세스 1세는 페르시
아 편을 들겠다고 나선 테미
스토클레스를 믿고 그의 제
안대로 함대를 둘로 나눠 배
치했습니다. 그러나 살라미
스 해협의 공간이 너무 협소
해서 자기편 배에 서로 부딪
히는 바람에 페르시아 함대
는 완전히 파괴됐습니다.

규모 함대가 그리스의 작은 함대를 짓밟는 것을 구경하려고 했
습니다.

그리스 함대는 테미스토클레스가 지휘했습니다. 그리스 함
대가 좁은 만에 떠 있는 광경은 스파르타 병사들이 테르모필라
이 협곡에서 싸우던 모습과 비슷했습니다. 테미스토클레스는
꾀를 하나 냈습니다. 그는 직접 크세르크세스 1세를 찾아가 페
르시아 편을 들겠다고 하면서 페르시아 함대를 반으로 나눠 반
은 협곡 한쪽에 배치하고 나머지를 반대쪽에 배치해 그리스 함
대를 포위하면 함정에 빠뜨릴 수 있다고 말했습니다.

크세르크세스 1세는 좋은 생각이라면서 그의 제안대로 함대
를 둘로 나눠 배치했습니다. 그러나 크세르크세스 1세는 일생
일대의 놀라운 광경을 보게 됐습니다. 양쪽으로 나뉜 페르시아
함대가 해협의 공간이 너무 협소해서 서로 부딪혀 침몰하기 시
작한 거예요. 그 결과 페르시아 함대는 완전히 파괴됐고, 의기양
양하던 크세르크세스 1세는 살아남은 병사들을 이끌고 서둘러

○ 테르모필라이 전투의 레오니다스

테르모필라이 협곡에서 벌어진 여러 가지 상황을 그린 다비드의 그림입니다. 가운데에 레오니다스가 당당하게 서 있고 주변에는 창을 던지는 사람, 신발 끈을 매는 사람, 월계관을 들고 있는 사람, 분기충천한 병사 등이 생생하게 묘사돼 있습니다.
루브르 박물관 소장

왔던 길로 도망쳐야 했습니다. 만약 테미스토클레스의 말대로 강력한 함대를 만들지 않았다면 아테네와 그리스의 운명은 어떻게 되었을까요?

페르시아는 유명한 테르모필라이 전투에서 그리스 연합군을 무찔러 그리스 대부분의 지역을 장악했지만, 그리스 함대를 괴멸하려다 오히려 살라미스 해전에서 대패했습니다. 그리스 연합군은 승리의 여세를 몰아 공세를 가했고, 페르시아군은 퇴각했습니다. 반(反) 페르시아 연합은 아테네가 주도하는 델로스 동맹으로 재조직되었어요. 델로스 동맹은 이후 30년간 페르시아와 크고 작은 전쟁을 계속해 남은 페르시아 주둔군을 몰아냈고, 이오니아계 도시 국가들은 독립을 쟁취했습니다.

제3차 페르시아 전쟁이 끝난 이듬해인 기원전 479년 아테네 북동쪽의 플라타이아이 평원에서 제4차 페르시아 전쟁이 벌어졌어요. 여기서도 페르시아가 패배함으로써 20년간 4차에 걸친 동서양 간의 첫 전쟁은 그리스의 승리로 막을 내렸습니다.

살라미스 해전과 이순신 장군의 명량 대첩에는 어떤 공통점이 있을까요?

페르시아 함대는 테미스토클레스의 계략에 속아 살라미스 해협으로 진입해 양쪽 입구를 막으려고 했습니다. 그러나 해협이 너무 좁았기 때문에 페르시아 군함들은 서로가 장애가 되어 이동할 수 없었어요. 이 기회를 놓치지 않고 그리스 함대는 페르시아 함대의 옆구리를 찌르는 공격을 펼쳤습니다. 게다가 폭풍까지 불자 갑판이 높은 페르시아 군함은 서로 부딪히는 어이없는 장면을 연출했지요. 이순신 장군은 좁은 해역의 지형적 이점은 물론 조류까지 이용했어요. 울돌목의 좁은 해역에 설치한 쇠줄에 걸려든 일본 함대는 속수무책으로 당할 수밖에 없었지요. 이처럼 살라미스 해전과 이순신 장군의 명량 대첩은 지형을 효과적으로 이용하여 대군을 상대로 승리했다는 공통점이 있습니다.

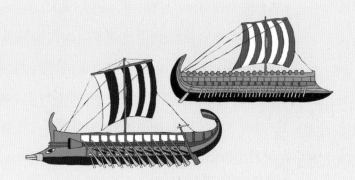

27 그리스의 황금시대 | 델로스 동맹

마라톤 전투와 살라미스 해전을 승리로 이끌어 위상을 높인 아테네는 페르시아 제국의 끝없는 침략을 보다 효과적으로 방비하기 위해 기원전 477년경 그리스 도시 국가의 동맹을 제안합니다. 동맹국은 군함과 병사를 제공하거나 군비를 부담해야 했는데, 동맹 금고를 델로스 섬에 두었다고 해서 델로스 동맹이라고 불렀습니다. 델로스 동맹을 강화해 아테네의 최고 전성기를 맞이한 지도자는 페리클레스였어요. 그는 델로스 동맹의 지원을 받아 황폐화된 아테네를 재건하는 데 온 힘을 쏟았습니다. 웅장한 파르테논 신전도 다시 세우고 모든 아테네인이 정치에 참여할 수 있도록 했습니다. 아테네 민주 정치의 황금시대를 열었던 거예요.

- **기원전 477년경** 페르시아 습격에 대비해 아테네를 맹주로 이오니아와 아이올리스를 비롯한 에게 해의 여러 도시 국가들이 힘을 합쳐 제1회 아테네 해상 동맹을 결성하다. 이를 델로스 동맹이라고 한다.
- **기원전 461년~기원전 429년** 아테네의 정치가 페리클레스가 아테네 민주 정치의 황금시대인 '페리클레스의 시대'를 개막하다.
- **기원전 440년** 고대 그리스의 역사가 헤로도토스가 최초의 역사책인 『역사』를 쓰다.
- **기원전 438년** 기원전 447년에 공사에 착수해 9년 만에 아테나 여신의 주 신전인 파르테논 신전이 완성되다.

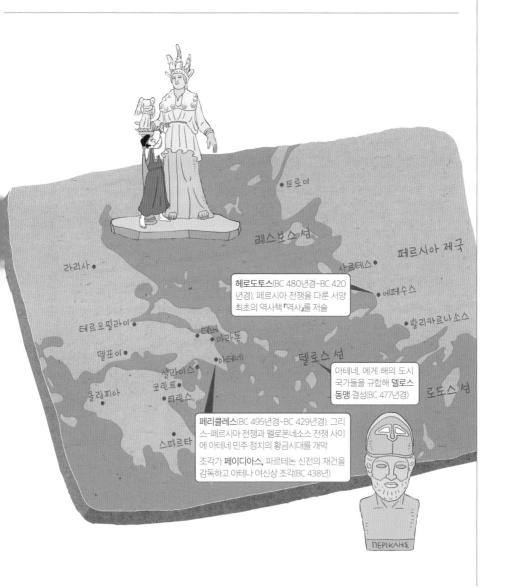

헤로도토스(BC 480년경~BC 420년경), 페르시아 전쟁을 다룬 서양 최초의 역사책 『역사』를 저술

아테네, 에게 해의 도시 국가들을 규합해 델로스 동맹 결성(BC 477년경)

페리클레스(BC 495년경~BC 429년경), 그리스-페르시아 전쟁과 펠로폰네소스 전쟁 사이에 아테네 민주 정치의 황금시대를 개막

조각가 페이디아스, 파르테논 신전의 재건을 감독하고 아테나 여신상 조각(BC 438년)

아테네의 봄

제3차 페르시아 전쟁을 끝으로 아테네는 그리스의 정치적 · 문화적 중심지로 발돋움하기 시작했습니다. 당시 이를 주도했던 인물은 페리클레스였습니다. 그는 아테네의 왕도 아니고 통치자도 아니었지만 지혜로울 뿐만 아니라 설득에 능한 정치인이었기 때문에 아테네 시민들 모두 그를 믿고 따랐습니다. 당대의 역사가 투키디데스는 그를 가리켜 '아테네의 제1시민'이라고 부를 정도였습니다.

페리클레스는 페르시아 군대에 짓밟힌 아테네를 재건하는 일을 맡았습니다. 당시 아테네는 폐허나 다를 바 없었거든요. 하지만 아테네 시민들은 두 팔을 걷어붙이고 전보다 훨씬 더 아름다운 도시를 건설하기 위해 노력했습니다. 적어도 그들에게는 주인 의식이란 것이 있었거든요. 그로부터 약 50년 동안 그리스는 역사상 가장 아름다운 시대를 이룩하게 됩니다.

아테네는 자유로운 시민 생활을 바탕으로 역사와 과학은 물론 예술과 문학, 철학 분야에서도 눈에 띄는 발전을 이룩했습니다. 아울러 민주 정치가 발달한 도시답게 토론에 능한 소피스트들이 등장하기 시작했습니다.

❍ 페리클레스
아테네의 정치가, 웅변가, 장군이었던 페리클레스는 그리스-페르시아 전쟁과 펠로폰네소스 전쟁 사이에 아테네의 황금시대를 연 인물입니다.
대영박물관 소장

돌에 생명을 불어 넣는 사람

서양 문명의 요람이자 민주주의의 고향인 그리스의 수도 아테네는 아테나 여신과 이름이 같습니다. 그뿐만 아니라 아테네 최고의 건축물인 파르테논(Parthenon) 신전은 '처녀의 집'이란 뜻으로 처녀의 신 아테나 파르테노스(Athena Parthenos)의 이름에서 따온 것입니다. 사실 파르테논 신전은 아테네를 보살펴 주는 아테나 여신을 위해 지은 신전이거든요. 이 신전은 아크로폴리스 언덕 위에 있습니다.

파르테논 신전은 기하학적 기술과 예술적 감각이 어우러진 인류 문명의 최고 걸작으로 손꼽히는 건축물입니다. 신전 한가운데에는 페이디아스라는 조각가가 금과 상아로 조각한 거대한 아테나 여신의 조각상이 서 있었습니다. 파르테논 신전 바깥에도 여러 개의 조각이 세워져 있었는데, 지금은 흔적조차 찾아볼 수 없답니다. 대부분 고미술품 수집가의 손에 들어갔거나 박물관에 전시되어 있기 때문입니다.

이렇게 승승장구하던 페이디아스였지만 한순간의 실수로 돌이킬 수 없는 화를 자초했습니다. 아테나 여신의 방패에 자신과 페리클레스의 얼굴을 새겨 넣은 거예요. 조각의 한 부분일 뿐이고, 거의 눈에 띄지 않았지만 당시로서는 신성 모독에 해당하는 큰 범죄를 저지른 것이었습니다. 결국 그는 평생을 감옥에서 살아야 했습니다.

❂ 아크로폴리스 언덕
고대 그리스 폴리스의 중심이었던 언덕입니다. 기원전 449년 페리클레스로부터 예술 전반에 관한 감독을 위임받은 페이디아스는 아크로폴리스 언덕 위에 파르테논 신전을 재건했어요.

그렇다면 페이디아스는 어떤 사람이었을까요? 여러 문헌에 따르면 그는 신과 인간을 가장 완벽하게 조각했다고 합니다.

특히 상아 조각에서는 그를 따라갈 사람이 없었습니다. 그는 파르테논 신전의 조각상에서 충분한 실력을 인정받았습니다. 조각가로서 명성을 얻고 난 후에는 올림피아의 제우스 신전에 제우스 조각상을 세우기도 했습니다.

제우스 조각상은 아테나 조각상보다 훨씬 더 아름답고 화려해서 이집트의 피라미드나 바빌론의 공중정원과 함께 세계 7대 장관 중 하나로 손꼽히는 건축물입니다.

기둥에 담은 정신

우리가 건축물에서 지붕을 중시하듯이 그리스 건축물에서는 기둥을 중요하게 생각했습니다. 그래서 다양한 양식으로 기둥을 세웠어요.

가장 오래된 양식으로 파르테논 신전에 사용된 도리스 양식은 기둥머리에 정사각형 모양의 접시를 올려놓은 모양을 하고 있습니다. 기둥뿌리에는 특별한 기단이나 받침이 없습니다. 이처럼 별다른 꾸밈 없이 튼튼하게 세워졌기 때문에 남성적인 양식이라고 합니다.

오리엔트 세계의 영향을 받은 양식으로 아테나 신전과 대영 박물관에 사용된 이오니아 양식은 기둥머리가 곱슬머리 모양을 하고 있습니다. 기둥뿌리에는 기단이 있고 도리스식 기둥에 비해 얇고 장식이 많아서 여성적인 양식이라고 합니다.

반란을 일으켜 페르시아 전쟁을 유발한 이오니아를 기억하고 있죠? 이오니아 양식은 기원전 7세기 초부터 소아시아의 에게 해 연안에 거주하던 이오니아인 사이에서 발달했는데, 기원전 6세기 이후에는 아테네를 비롯해 그리스 전역으로 전파되었답니다. 호전적인 국가의 사람들이 여성적인 건축 양식을 발달시켰다니 약간 의외죠. 우락부락하게 생긴 남자가 꽃꽂이를 취미로 삼는 경우도 얼마든지 있을 수 있지 않을까요?

❂ 파르테논 신전
고대 아테네의 수호자로 숭상되던 아테나 여신에게 봉헌된 신전입니다. 기원전 5세기에 아테네의 아크로폴리스에 건설되었습니다. 도리스식 기둥 양식 발전의 정점을 이루었다는 평가를 받고 있어요

○ 제우스 신전

104개의 돌기둥 가운데 15개만 남아 있는 코린트 양식의 건축물입니다. 그리스 공항에서 시내로 들어오면 맨 먼저 눈에 띄는 그리스 최대의 신전이지요. 올림피아의 제우스 신전에 사용된 코린트 양식은 헬레니즘 미술의 특징을 고스란히 담은 양식으로 기둥머리가 아칸서스 잎을 묶어 놓은 듯한 모양을 하고 있습니다. 코린트 양식은 이오니아 양식과 도리스 양식에 비해 장식이 더 많은 것이 특징입니다.

올림피아의 제우스 신전에 사용된 코린트 양식은 헬레니즘 미술의 특징을 고스란히 담은 양식으로 기둥머리가 아칸서스 잎을 묶어 놓은 듯한 모양을 하고 있습니다. 코린트 양식은 다른 두 양식에 비해 장식이 더 많은 것이 특징입니다. 언젠가 학생들에게 이런 양식의 기둥을 눈에 띄는 대로 찾아오라는 숙제를 내준 일이 있었습니다. 다음 날 한 학생이 이오니아식 기둥을 두 개 찾았는데, 하나는 자기 집 문에 있다고 했습니다. 다른 학생은 은행에서 도리스식 기둥을 찾았다고 했습니다. 또 다른 학생은 코린트식 기둥을 138개나 보았다고 말했습니다. 그래서 내가 물었습니다.

"아니, 넌 어디서 그렇게 많이 찾았니?"

"저희 집에서 학교까지 오는 길에 서 있는 가로등 기둥에서요. 전부 코린트식이던데요."

막을 내리는 황금시대

페리클레스의 친구 중에 헤로도토스라는 인물이 있었습니다. 그는 소아시아 출신으로 전 세계를 떠돌며 견문을 넓혔고, 이야기를 하듯 역사를 기록했습니다. 그리스 최초의 역사가인 헤로도토스는 역사의 아버지라고 불렸지만, 페르시아 전쟁 이후에는 펜을 놓아야 했습니다. 더 이상 쓸 내용이 없었기 때문이에요. 그렇게 아테네의 황금시대도 막을 내리고 있었습니다.

○ 헤로도토스
페르시아 전쟁사를 다룬 『역사』를 썼습니다. 키케로는 그를 '역사의 아버지'라고 불렀어요. 그리스인 최초로 과거의 사실을 실증적 학문의 대상으로 삼았습니다.

아테네는 민주적인 나라였지만 다른 나라 사람들에게는 그렇게 하지 않았나 봐요. 아테네는 자신들의 힘만 믿고 다른 나라에 횡포를 부렸답니다. 그래서 아테네를 중심으로 이루어진 델로스 동맹에서 떨어져 나가는 도시 국가들이 하나둘씩 생기기 시작했습니다. 아테네의 번영을 질투했던 스파르타마저 아테네에 등을 돌렸습니다.

게다가 옛날에는 간혹 역병이라는 전염병이 돌아서 수천 명이 한꺼번에 죽기도 했습니다. 의사도 역병에 관해 아는 바가 없었고 치료법도 몰랐기 때문입니다. 이런 역병이 아테네에도 찾아왔고 아테네 시민들은 힘없이 죽었습니다. 페리클레스는 최선을 다해 환자들을 간호했지만 그 자신도 병에 걸려 죽고 말았습니다. 황금시대는 이렇게 막을 내렸고, 위대한 지도자를 기리는 의미로 이 시대를 페리클레스의 시대라고 합니다. 🖊

생각해
보세요

가장 이상적인 정치란 어떤 형태일까요?

모든 시민이 정치에 참여하는 아테네의 정치 형태를 우리는 가장 이상적이
라고 생각합니다. 정말로 그럴까요? 아리스토텔레스는 세상에서 가장 위대
한 정치는 '민주 정치'지만 그 민주 정치를 이끌어 가는 시민들이 무능하거나
올바르지 못하면 결국 부패하고 말 것이라고 경고합니다. 다시 말해 정치 체
제가 중요한 것이 아니라 그 정치 체제를 이끌어 가는 주체가 중요하다는 것
입니다. 따라서 그것이 군주 정치든 독재 정치든, 참주 정치든 군인 정치든
효율적인 정치 체제가 되기 위해서는 무엇보다 그러한 정치 체제를 이끌어
가는 리더가 현명해야 합니다. 물론 현명한 한 명의 군주보다 현명한 귀족들
이나 현명한 국민들이 더 훌륭하게 정치를 할 수 있습니다. 다만 다수일수록
현명한 자가 누구인지 알 수 없다는 것이 항상 문제입니다.

28 펠로폰네소스 전쟁|
그리스의 몰락

페르시아 전쟁 이후 영원할 것만 같았던 아테네 제국의 황금시대는 채 50년을 넘기지 못하고 막을 내렸습니다. 도대체 왜 그랬을까요? 그것은 시기와 두려움 탓이었습니다. 더 이상 그리스의 적은 페르시아가 아니었습니다. 이번에는 그리스 내부에 적이 있었습니다. 아테네가 델로스 동맹을 발판으로 제국의 길을 걷자 이에 위협을 느낀 스파르타의 펠로폰네소스 동맹이 칼을 빼들고 나선 거예요. 아테네와 스파르타는 그리스의 양대 산맥으로서 한때는 피를 나눈 동맹 관계였지만, 이후 27년간이나 지속되는 전쟁의 소용돌이에 휘말리게 됩니다.

- **기원전 461년경** 아테네와 스파르타 사이에 제1차 펠로폰네소스 전쟁이 일어나다. 기원전 445년경에 전쟁이 종결되고 30년 평화 조약이 체결되다.
- **기원전 431년경** 스파르타의 동맹국인 테베가 아테네의 동맹국인 플라타이아를 공격함으로써 제2차 펠로폰네소스 전쟁이 시작되다.
- **기원전 405년경** 펠로폰네소스 전쟁의 마지막 전투로서 아테네 해군이 아이고스포타미에서 페르시아의 도움을 받은 스파르타 해군에 참패를 당하다. 이를 아이고스포타미 전투라고 한다.

아테네 해군, 아이고스포타미 전투에서 페르시아의 도움을 받은 스파르타 해군에 참패를 당함(BC 405년경)

펠로폰네소스 동맹(스파르타가 주도)이 펠로폰네소스 전쟁(BC 431년경~BC 405년경)에서 승리해 델로스 동맹(아테네가 주도)이 해체됨

소크라테스 아테네 시민들의 고소로 사형을 당함(BC 399년경)

상처뿐인 전쟁

페르시아 전쟁이 끝난 후 모든 도시 국가들은 전쟁 분담금을 냈어요. 분담금은 델로스 섬의 금고에 보관됐습니다. 물론 금고는 아테네가 관리했지요. 따라서 형식만 동맹이었지 사실상 도시 국가들은 식민지처럼 아테네에 조공을 바친 것이나 다름없었어요.

아테네가 이런 지위를 누릴 수 있었던 것은 아테네를 최강의 도시 국가로 성장시킨 페리클레스라는 인물이 있었기 때문입니다. 페리클레스는 아테네 민주 정치의 황금시대를 연 인물이지만, 다른 도시 국가들은 자신들을 못살게 구는 약탈자로 생각했습니다. 페리클레스는 델로스 섬에 있는 금고를 아예 아테네로 옮겨 버렸어요. 게다가 다른 도시 국가의 군대를 해체하고 아테네 군대까지 주둔시키자 도시 국가들의 불만은 극에 달했습니다.

❶ 헬멧을 쓴 스파르타 병사
용감한 스파르타 병사들은 아테네 동맹군을 무찌르고 펠로폰네소스 전쟁을 승리로 이끌었습니다.

특히 스파르타는 아테네가 큰형 행세를 하는 것이 매우 못마땅했습니다. 아무리 위축됐다 하더라도 스파르타는 전사의 나라였으니까요. 하지만 해상에서는 아테네가 최고였습니다. 스파르타에는 아예 함대라는 것이 없었거든요. 그뿐 아니라 아테네는 하루가 다르게 아름다운 문화 도시로 성장하고 있었습니다. 물론 스파르타는 문화에는 관심이 없었습니다. 오직 아테네의 무적 함대를 부러워할 따름이었습니다. 이때 스파르타에 좋은 기회가 찾아왔습니다. 아테네의 압박을 받던 이웃 도시에서 스파르타에 도움을 요청한 거예요. 스파르타는 이를 명분으로 아테네를 공격합니다.

이 내전을 펠로폰네소스 전쟁이라
고 합니다. 그런데 왜 스파르타 전쟁
이라고 하지 않고 펠로폰네소스 전쟁
이라고 할까요? 그것은 스파르타뿐
만 아니라 펠로폰네소스 반도에 있
는 여러 도시 국가들이 아테네에 함
께 맞섰기 때문입니다. 이들을 가리

켜 펠로폰네소스 동맹이라고 합니다. 이른바 해상 동맹인 델로
스 동맹과 육상 동맹인 펠로폰네소스 동맹이 한바탕 전쟁을 벌
인 거예요.

펠로폰네소스 전쟁은 한두 해가 아니라 무려 27년간이나 지
속되었습니다. 좀처럼 끝날 것 같지 않던 지루한 전쟁은 한 사람
의 배신으로 끝이 났어요. 어떻게 그런 일이 생긴 걸까요? 페리
클레스의 갑작스러운 죽음으로 혼란에 빠져 있던 아테네에 그
의 조카이자 소크라테스의 제자인 알키비아데스가 나타나 권력
을 잡았습니다. 그는 총명했지만 조심성이 없고 다소 무모했습
니다. 결국 그의 전략은 실패로 끝이 났고, 분노한 아테네인들은
알키비아데스를 추방했습니다.

그런데 그 일이 더 큰 화를 불러왔습니다. 알키비아데스가 스
파르타의 앞잡이가 되어 아테네의 군사 비밀을 다 폭로해 버린
거예요. 그가 전달한 정보에 따라 스파르타는 우선 아테네의 식
량 공급을 차단하고, 아테네 편에 있던 다른 도시 국가들을 차례
대로 설득해 자기편으로 만들었습니다. 궁지에 몰린 아테네는
항복하지 않을 수 없었습니다.

승리의 여신은 스파르타의 편을 들었습니다. 하지만 스파르타도 적지 않은 피해를 입었기 때문에 진정한 승자라고 할 수는 없었습니다. 사실 그리스의 모든 주요 도시들이 직접적인 피해를 입었거든요. 그렇게 아테네의 황금시대도 막을 내렸습니다. 전쟁의 역사에서 진정한 승자는 없습니다. 결국은 모두가 패자가 되고 마는 것이 전쟁입니다.

소크라테스의 변명

당시는 전쟁의 혼란기였을 뿐 아니라 민주 정치를 꽃피우던 시대였기 때문에 입신출세를 위해 변론술을 배우는 것이 유행했습니다. 소피스트들은 아테네를 중심으로 그리스 전역을 돌아다니면서 수사학적 기교와 백과사전적 지식을 가르치고 많은 보수를 받았어요. 소피스트는 개인 과외 열풍의 원조였던 셈이지요.

소피스트는 원래 '지혜로운 자'를 뜻합니다. 그들은 주로 지중해 인근을 두루 여행하며 상당한 지식을 쌓은 사람들로서 아테네 출신은 아니었습니다. 대표적인 소피스트인 프로타고라스는 "인간은 만물의 척도다."라는 유명한 말을 남겼습니다. 인간은 사물을 자기 나름대로 인식해 상대적으로 본다는 뜻입니다.

소피스트들은 국가를 위해 유능한 인재를 양성한다고 자부했지만 실제로 그들이 가르친 것은 '논리를 꿰어 맞추며 지혜로운 체하는 기술'이었어요. 그러자 소크라테스가 나타나 아테네인에게 지혜롭게 생각하는 방법을 가르쳤습니다. 그러나 그것을 직접 말하지 않고 질문으로 던졌습니다. 질문을 통해 사람들이 스스로

◆ 소크라테스의 죽음

소크라테스가 해외로 도망치라는 제자들의 설득을 물리친 채 한 손으로 독배를 받으려 하고 있습니다. 한 손으로는 하늘을 가리키고 있는데, 이는 "삶이 죽음(하늘)보다 더 나은 것이 없다."라는 자신의 주장을 상징하고 있습니다. 다비드가 1787년에 그린 작품입니다.

메트로폴리탄 미술관 소장

답을 찾도록 한 거예요. 이 방법은 산파가 아이를 낳도록 도와주는 것과 비슷해서 산파술이라고도 합니다.

소크라테스가 진리를 설파한 이후 소피스트들은 '궤변을 일삼는 무리'로서 궤변학파로 불렸습니다. 그러나 소크라테스 자신도 소피스트의 수업을 들었고, 산파술이라는 새로운 변론술을 만들었으므로 넓은 의미에서는 소피스트로 보는 학자도 있습니다.

그런데 아테네 최고의 철학자로서 모든 사람의 존경을 받았던 소크라테스가 들창코에 대머리란 사실을 알고 있나요? 아마도 그의 매력은 사람들의 눈을 즐겁게 하는 얼굴이 아니라 마음을 즐겁게 하는 훌륭한 인품과 뛰어난 지식이었던 모양이에요.

하지만 소크라테스의 아내 크산티페는 소크라테스가 하는 일을 이해하지 못했습니다. 어느 날 크산티페는 소크라테스에게 고래고래 소리를 지르다가 물 한 바가지를 퍼부었습니다. 그러자 소크라테스가 혼잣말로 이렇게 중얼거렸다고 합니다.

**◑ 소크라테스와
크산티페**
악처로 유명한 크산티페가
소크라테스에게 물을 퍼붓
고 있습니다. 그때 소크라테
스는 이렇게 중얼거렸어요.
"천둥이 치고 나면 비가 온
다더니 그 말이 사실이군."

플라톤
플라톤이 소크라테스를 처
음 만났을 때, 소크라테스
의 나이는 62세였고, 플라
톤은 20세였다. 플라톤이
소크라테스에게 가르침을
받은 기간은 8년 정도였다.

"천둥이 치고 나면 비가 온다더니 그 말이 사실이군."

소크라테스가 정말 존경스럽지 않나요? 그런 이
유 때문인지 많은 사람이 그를 따랐습니다. 그들 중
에 플라톤이라는 철학자도 있었습니다. 하지만 아테
네의 지도자들은 소크라테스를 싫어했습니다. 왜냐
하면 그가 그리스의 신을 비방하는가 하면 무능한
정치인들을 비웃었기 때문입니다. 결국 소크라테스
는 우려했던 대로 아테네 청년들의 정신을 타락시켰다는 죄목
으로 체포되었습니다. 소크라테스는 누구의 도움도 받지 않고
직접 배심원들 앞에서 자신을 변호했습니다. 하지만 그에게 주
어진 형벌은 죽음이었어요.

감옥으로 찾아온 소크라테스의 제자들은 재판 과정의 억울함
을 호소하며 그에게 멀리 도망칠 것을 제안했습니다. 하지만 소
크라테스는 법을 어기고 싶지 않다며 제자들이 지켜보는 가운데
독이 든 잔을 비웠습니다. 이 사건은 훗날 플라톤이 민주 정치를
부정하는 계기가 됩니다. 사실 소크라테스는 플라톤에게 민주 정
치가 다수의 사람들이 어리석은 선택을 할 때, 오히려 부정적인
결과를 가져올 수 있다고 가르친 바 있었습니다. 그런데 그가 그
토록 존경하던 소크라테스를 다수의 어리석은 민중들이 죽인 셈
이니 얼마나 민주 정치가 혐오스러웠을까요? 그래서 진리를 추
구하는 철학자들이 정치를 하는 철인 정치를 주장하게 됩니다.

플라톤이 철인 정치를 주장한 까닭은 무엇일까요?

플라톤은 펠로폰네소스 전쟁을 통해 아테네의 어두운 면과 스파르타의 밝은 면을 보았습니다. 여느 도시 국가들처럼 아테네에서는 끊임없이 혁명이 일어나는 데 반해 스파르타에서는 혁명이 일어나지 않는 이유를 스파르타의 이상적인 제도에서 찾았던 것입니다. 펠로폰네소스 전쟁에서 아테네가 스파르타에게 패배한 까닭 또한 국가 체제와 사상이 불완전하기 때문이라고 생각했습니다. 이를 극복하기 위해 절대적인 진리에 입각한 확고한 철학 체계를 확립하는 것이 시급하며 아울러 극소수의 철학자들이 국가를 운영하는 것이 바람직하다고 생각하기에 이르렀습니다. 아테네의 민주 정치는 어리석은 대중들에 의해 중우 정치로 흐를 수 있기 때문에 철학자에 의해 정치가 이루어져야 한다는 것입니다. 물론 철인 정치는 독재 정치로 흐를 수 있기 때문에 그 또한 이상적인 방법이라고 하기는 어렵습니다.

29 반칙도 역사다! 마케도니아 왕국

친구들끼리 팔씨름을 하는데 꾀죄죄하게 생긴 낯선 아이가 불쑥 끼어들더니 어느새 대장 노릇을 한다면 기분이 어떨까요? 그것도 먼저 팔씨름을 시작한 아이들이 지친 틈을 타서 다른 아이들을 모두 이긴 거라면 정말 얄밉겠죠. 역사에도 그런 사람이 있습니다. 알렉산드로스 대왕의 아버지인 마케도니아 왕국의 필리포스 2세가 바로 그런 사람입니다. 그는 펠로폰네소스 전쟁 이후에 약화된 그리스를 손쉽게 집어 삼켰어요. 스파르타보다 힘이 세거나 용맹했던 것이 아니라 때를 잘 맞춘 거지요.

- **기원전 338년경** 마케도니아 왕국의 필리포스 2세가 이끄는 마케도니아 군대가 카이로네이아 근교에서 아테네-테베 연합군에 맞서 싸워 승리하다.
- **기원전 337년경** 필리포스 2세의 주도 아래 그리스 도시 국가들이 군사 동맹을 맺다. 이를 코린토스 동맹(코린트 동맹)이라고 한다.
- **기원전 336년경** 필리포스 2세가 암살을 당하고 알렉산드로스가 왕이 되다. 알렉산드로스 대왕은 33세의 젊은 나이에 죽다.

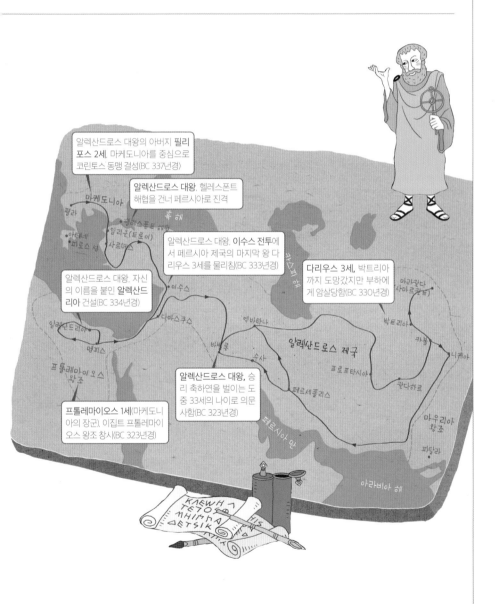

알렉산드로스 대왕의 아버지 필리포스 2세, 마케도니아를 중심으로 코린토스 동맹 결성(BC 337년경)

알렉산드로스 대왕, 헬레스폰트 해협을 건너 페르시아로 진격

알렉산드로스 대왕, 이수스 전투에서 페르시아 제국의 마지막 왕 다리우스 3세를 물리침(BC 333년경)

다리우스 3세, 박트리아까지 도망갔지만 부하에게 암살당함(BC 330년경)

알렉산드로스 대왕, 자신의 이름을 붙인 알렉산드리아 건설(BC 334년경)

알렉산드로스 대왕, 승리 축하연을 벌이는 도중 33세의 나이로 의문사함(BC 323년경)

프톨레마이오스 1세(마케도니아의 장군), 이집트 프톨레마이오스 왕조 창시(BC 323년경)

필리포스 2세의 계략

30년 가까이 계속된 펠로폰네소스 전쟁 때문에 그리스 전체가 황폐화되어 갈 무렵, 척박한 그리스 북방에 마케도니아라는 작은 나라가 세력을 확장하고 있었습니다. 그리스인들은 마케도니아인을 야만인이라는 뜻으로 바르바로이라고 불렀지만, 마케도니아는 강력한 군사력을 앞세워 그리스를 위협할 정도로 성장했습니다. 당시 필리포스 2세는 그리스가 이빨 빠진 사자가 되기만을 기다리고 있었습니다.

때를 기다리던 필리포스는 드디어 2만 명의 군대를 이끌고 남쪽으로 진군했습니다. 오랜 전쟁으로 국력이 쇠퇴한 아테네-테베 연합군은 카이로네이아 전투에서 맥없이 무너졌습니다. 도시 국가들의 맹주가 된 필리포스는 다음 단계로 페르시아를 노렸습니다.

그러던 중에 필리포스가 한 가지 꾀를 냈습니다. 페르시아를 향한 그리스의 분노를 자극하기로 한 거예요. "그리스 시민 여러분, 페르시아를 물리친 용맹한 여러분들이 자기네 땅으로 도망치는 페르시아를 왜 보고만 있었습니까? 무엇이 두려워서 뒤쫓지 않았나요? 지금이라도 달려가 페르시아에 빚을 갚아 줍시다. 제가 여러분을 돕겠습니다." 필리포스는 그리스 시민들 앞에서 이렇게 연설했습니다.

아무도 필리포스의 계략을 눈치 채는 사람은 없었습니다. 단 한 사람 데모스테네스는 예외였습니다. 그의 꿈은 연설가가 되는 것이었어요. 어린아이들이 멋모르고 대통령이나 비행기 조종사가 되겠다

❖ 필리포스 2세
알렉산드로스 대왕의 아버지로 그리스에 대한 마케도니아의 지배권을 강화하고 국력을 키워 아들이 대제국을 건설할 수 있는 토대를 마련해 주었습니다.

고 말하는 것과 같았어요. 하지만 데모스테네스는 키도 작고 목소리도 작았습니다. 뿐만 아니라 말을 심하게 더듬는 바람에 아주 짧은 시조차 낭송하지 못해서 웃음거리가 되곤 했습니다. 위대한 연설가가 되기 어려운 상황이었지요. 하지만 데모스테네스는 혼자서 열심히 연습했습니다. 매일 바닷가에 가서 돌멩이를 입에 물고 으르렁대는 파도를 향해 큰 목소리로 연설했습니다. 그는 집어삼킬 듯한 기세로 몰려드는 파도에 맞서느라 고래고래 소리를 질러야 했습니다. 그 결과 데모스테네스는 위대한 연설가가 되었습니다. 자기 마음대로 청중을 웃게도 하고 울게도 할 수 있었으며 원하는 대로 설득할 수도 있었습니다.

◑ 데모스테네스
급속도로 세력을 키운 마케도니아의 왕 필리포스 2세가 도시 국가의 자유를 위협하는 위험한 적임을 감지했습니다. 그래서 안일에 빠져 있는 아테네의 시민을 고무하는 '필리포스 탄핵 연설'을 했습니다.

　이런 데모스테네스가 페르시아를 정복하겠다는 필리포스의 계략을 꿰뚫어 본 거예요. 그는 필리포스의 진짜 목적이 그리스의 왕이 되는 것이라는 사실을 알아채고 필리포스를 공격하는 연설을 열두 차례나 했습니다. 이를 필리포스에 대항한다는 의미에서 대(對)필리포스 연설이라고 했고, 지금도 누군가를 심하게 공격하는 연설을 대필리포스 연설이라고 합니다.

　그리스 사람들은 데모스테네스의 연설을 듣는 동안에는 필리포스의 계략에 대해 노발대발했습니다. 그러나 데모스테네스의 연설을 듣지 않을 때는 미적지근한 태도를 취하며 필리포스의 행동을 막으려 하지 않았습니다. 결국 데모스테네스의 갖은 노력에도 불구하고 필리포스는 자기 뜻대로 그리스의 왕이 되어 그리스 전역을 다스리게 되었습니다. 그러나 약속대로 페르시아를 정복하기 위해 길을 나서기도 전에 측근에게 암살당하고 말았습니다.

위대한 스승

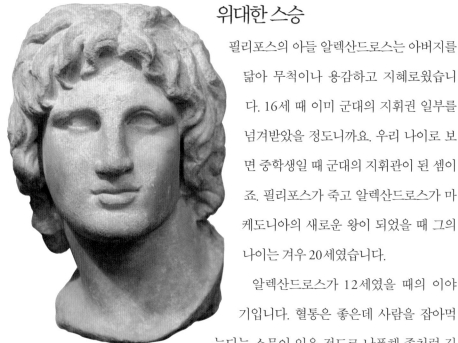

필리포스의 아들 알렉산드로스는 아버지를 닮아 무척이나 용감하고 지혜로웠습니다. 16세 때 이미 군대의 지휘권 일부를 넘겨받았을 정도니까요. 우리 나이로 보면 중학생일 때 군대의 지휘관이 된 셈이죠. 필리포스가 죽고 알렉산드로스가 마케도니아의 새로운 왕이 되었을 때 그의 나이는 겨우 20세였습니다.

알렉산드로스가 12세였을 때의 이야기입니다. 혈통은 좋은데 사람을 잡아먹는다는 소문이 있을 정도로 난폭해 좀처럼 길들일 수 없는 말이 있었습니다. 그 말은 사람이 올라타는 순간 앞발을 번쩍 들어 떨어뜨리곤 했습니다. 필리포스는 쓸모없는 말이라고 생각하고 내다 버리라고 명령했습니다. 그런데 알렉산드로스가 나서더니 자신이 그 말을 길들여 보겠다고 말했습니다.

알렉산드로스가 한 일은 별로 없었습니다. 그저 말의 고삐를 잡고 말 머리를 해가 떠 있는 쪽으로 돌렸을 뿐입니다. 말이 그림자를 보지 못하도록 하기 위해서였어요. 알렉산드로스는 말이 그림자를 보고 놀라는 것을 알아차렸던 겁니다. 신기하게도 말은 순식간에 순한 양처럼 변했습니다.

그 모습을 지켜본 필리포스는 알렉산드로스에게 말을 선물했습니다. 그 말의 이름은 부케팔루스였는데, 훗날 그 말이 죽은

○ 알렉산드로스 대왕
마케도니아의 필리포스 2세에 이어 왕위를 계승한 후 거대한 알렉산드로스 제국을 건설했습니다.
대영박물관 소장

도시를 부케팔루스라고 불렀습니다.

알렉산드로스에게는 위대한 스승이 있었습니다. 사실 얼굴만 보지 못했을 뿐이지 동서양을 막론하고 우리 모두의 스승이기도 한 인물입니다. 여러분도 머지않아 책을 통해 그를 만나 보게 될 거예요. 당시에 그만큼 유명했던 철학자로는

소크라테스

플라톤

아리스토텔레스

세 사람이 있었는데, 알렉산드로스의 스승은 아리스토텔레스였습니다. 아리스토텔레스는 세상의 모든 지식을 책으로 남겼습니다. 별에 관한 천문학에서부터 동물학, 심리학과 정치학, 윤리학, 의학 등 그가 관심을 가지지 않은 분야가 없었을 정도입니다. 아리스토텔레스가 쓴 책은 수천 년 동안 교재로 사용되었습니다. 아리스토텔레스의 책 말고는 다른 교재가 없었거든요.

고르디우스의 매듭

여러분은 스무 살에 무슨 일을 하고 싶나요? 이성 친구를 사귀고 싶은 친구도 있을 것이고, 세계 여행을 떠나고 싶은 친구도 있을 거예요. 알렉산드로스는 스무 살에 마케도니아의 왕이 된 뒤, 더 넓은 땅을 정복하고 싶었습니다. 즉 천하를 얻고자 했던 거예요.

알렉산드로스는 그 꿈을 이루기 위해 페르시아 원정을 떠나기로 결심했습니다. 그리고 관례에 따라 아폴로 신전에 가서 신탁을 받으려고 했습니다. 그런데 하필이면 그날은 신탁을 받을 수

**◑ 고르디우스의 매듭을
자르는 알렉산드로스
대왕**
알렉산드로스 대왕은 아무
도 풀지 못했다는 고르디우
스의 매듭을 단칼에 두 동강
냈습니다.

없는 날이었어요. 알렉산드로스가
신관을 위협해 신탁을 받으려고
하자 겁에 질린 신관이 "당신은 절
대 지지 않을 사람입니다."라는 말
을 했고, 그 말을 들은 알렉산드로
스는 그때부터 자신의 말이 곧 신
탁이라고 믿게 되었습니다.

승리의 신탁까지 받은 알렉산드로스는 두려울 게 없었습니
다. 아버지의 못다 이룬 페르시아 정복의 꿈을 자신이 이루려고
했습니다. 바야흐로 복수가 시작된 거예요. 알렉산드로스는 병
사들을 모아 헬레스폰트 해협을 건너 아시아로 향했습니다.

알렉산드로스는 자신들을 저지하라는 명을 받고 출격한 페르
시아 군대와 대적해 승리한 이후 줄곧 승승장구했어요. 그는 페
르시아 땅을 향해 멈추지 않고 진격했습니다.

얼마 후 알렉산드로스는 프리기아의 수도 고르디움에 도착해
고르디우스의 마차에 끝을 찾을 수 없이 뒤얽혀 있는 매듭을 발
견하게 되었습니다. 매듭을 푸는 자가 아시아의 지배자가 된다
는 신탁으로 유명한 매듭이었어요. 그 소문을 들은 알렉산드로
스는 매듭을 풀기 위해 끙끙거리는 대신 단칼에 매듭을 두 동강
내 버렸답니다. 드디어 매듭을 푼 사람이 나타난 셈이에요.

지금도 복잡한 문제를 단번에 해결할 때 "고르디우스의 매듭
을 풀었다."라고 합니다.

알렉산드리아

알렉산드로스는 도시를 하나씩 정복하면서 단 한 차례도 패하지 않고 페르시아 제국을 손에 넣었습니다. 그다음으로 페르시아의 속국인 이집트로 향했습니다. 당시 이집트는 페르시아의 혹독한 간섭을 받고 있던 터라 알렉산드로스를 대대적으로 환영했습니다. 그리고 그에게 이집트의 왕을 상징하는 파라오 칭호를 바쳤습니다. 알렉산드로스는 이를 기념하기 위해 이집트에 새로운 도시를 건설하고, 자신의 이름을 따서 알렉산드리아라고 했습니다.

그리고 그곳에 세상에서 가장 큰 도서관을 세웠습니다. 무려 50만 권이 넘는 장서를 보관했을 정도라고 하니 그 규모를 짐작할 수 있을 겁니다. 물론 아직 인쇄술이 발명되기 이전이라 모두 손으로 직접 쓴 두루마리 책이었습니다. 또한 각종 자연 과학을 연구할 수 있는 시설도 만들어 헬레니즘 문화의 중심지로 만들

헬레니즘 문화
그리스 문화와 오리엔트 문화를 융합한 문화다. 한때에게 해 주변을 거쳐 서쪽의 영국과 동쪽의 인도 지방까지 확산되었다.

❍ 가우가멜라 전투
기원전 331년 마케도니아 왕국의 알렉산드로스 대왕이 페르시아 제국 아케메네스 왕조의 다리우스 3세를 물리친 전투입니다. 그런데 왕이 저렇게 위험한 싸움터 한복판에 있어도 되는지 모르겠네요. 실제로는 적당한 거리를 두고 지휘하지 않았을까요?

❍ 알렉산드리아 파로스 섬의 등대

파로스 섬에 세워진 높이 135 미터의 등대였는데, 12세기 이후 지진으로 무너졌다고 합니다. 세계 7대 불가사의 중 하나로 꼽히고 있습니다.

었습니다.

헬레니즘 시대 이후 알렉산드리아는 학문의 중심지가 되었습니다. 특히 그리스 철학과 이집트 · 메소포타미아의 과학이 조화를 이루면서 자연 과학이 눈부시게 발전했어요. 유클리드는 기존의 수학과 기하학을 정리했고, 지리학자 에라토스테네스는 현재의 계산과 별 차이 없이 지구 둘레를 계산했어요. 프톨레마이오스는 천동설에 따라 천문학을 체계화했습니다.

항구 도시인 알렉산드리아에는 파로스라는 섬이 있는데, 여기에 등대를 세웠습니다. 등대 꼭대기에 탑을 세워 현대식 마천루와 비슷한 모양을 하고 있었지요. 그런데 높이가 자그마치 30층이 넘는 등대였기 때문에 멀리까지 불빛이 퍼져 나갔다고 합니다. 12세기 이후 지진으로 파괴되었지만 지금도 세계 7대 불가사의 중 하나로 꼽히고 있습니다.

아무리 넓은 땅을 정복했더라도 유지할 수 없다면 아무런 의미가 없겠죠? 알렉산드로스는 식민지를 당근과 채찍으로 잘 다스렸습니다. 특히 여러 민족이 어울려 살아갈 수 있도록 이민족끼리 결혼하게 했습니다. 이는 결과적으로 그리스와 오리엔트 문화를 융합시키는 데 결정적인 기여를 했습니다. 그렇게 해서 10년이란 짧은 기간에 알렉산드로스는 대제국을 건설할 수 있었습니다.

더 이상 정복할 땅이 없다!

알렉산드로스는 결코 한곳에 오래 머무르지 않았습니다. 더 넓은 땅을 정복하려고 했기 때문에 한가롭게 머무를 시간이 없었던 거예요. 그는 새로운 땅을 찾아서 또 진군했습니다. 고향인 마케도니아와 그리스는 까마득히 잊어버릴 정도였습니다. 오히려 고향에서 점점 너 번 곳으로 끊임없이 이동하려고 했습니다. 알렉산드로스는 모험가이자 탐험가였던 거예요. 그는 그렇게 전진해 멀리 인도까지 갔습니다.

인도에 도착하자 알렉산드로스와 함께 진군했던 병사들은 하나둘씩 향수병에 걸려 고향으로 돌아가고 싶어 했습니다. 무려 10년이 넘는 세월 동안 고향을 떠나 타지를 떠돌았기 때문에 다시는 고향 땅을 밟지 못할까 봐 걱정이 된 거예요.

그때 알렉산드로스의 나이는 겨우 서른이었지만 전 세계를 지배했기 때문에 알렉산드로스 대왕이라고 불렸습니다. 여기서 말하는 전 세계란 아직 신대륙을 발견하기 전이라 아메리카 대륙과 몇몇 소도시로 이루어진 이탈리아를 제외한, 모든 세계를 가리키는 말입니다. 정말이지 더 이상 정복할 땅이 없었습니다.

❍ 알렉산드로스와 록사나
알렉산드로스는 록사나라는 페르시아 여인과 결혼했어요. 그러나 불행히도 일찍 죽음을 맞이해 자신의 아이를 보지 못하고 눈을 감았습니다.

그러자 알렉산드로스는 몹시 실망한 나머지 눈물을 흘렸습니다. 그러고는 그리스로 발길을 돌렸습니다.

알렉산드로스는 바빌론에서 승리를 축하하는 연회를 벌이다가 갑자기 쓰러졌습니다. 결국 그리스 땅을 밟지도 못하고 세상을 떠난 거예요. 그때가 기원전 323년으로, 그의 나이 33세 때의 일입니다.

알렉산드로스는 한 사람이 지배한

❂ 프톨레마이오스 1세
알렉산드로스 대왕 사후에
뒤를 이어 기원전 323년부
터 이집트의 통치자가 되었
습니다. 이집트의 헬레니즘
왕조인 프톨레마이오스 왕
조의 창시자가 된 거예요.

지역으로는 세상에서 가장 넓은 땅을 차지했기 때문에 대왕이
라고 불렸지만, 그는 단지 싸움만 잘하는 정복자가 아니었어요.
때로는 위대한 스승이기도 했고, 때로는 문화 사절단의 역할도
완벽하게 해냈습니다. 그는 정복한 지역의 백성들에게 그리스
어를 가르쳐서 그리스 책을 읽을 수 있도록 도왔어요. 그리고 그
리스의 조각과 그림도 가르쳤습니다. 그리스 문화와 오리엔트
문화의 융합을 꿈꾼 거예요. 뿐만 아니라 그리스의 위대한 철학
자들의 지혜로운 가르침도 전했어요. 그리스인이 올림픽 대회
를 준비해 단련하는 것처럼 훈련도 시켰답니다. 세상의 어느 스
승보다도 많은 제자를 가르친 셈이지요.

알렉산드로스는 록사나라는 페르시아 여인과 결혼했어요. 그
러나 불행히도 일찍 죽음을 맞이해 아이를 보지 못한 채 눈을
감았습니다. 그래서 그의 대를 이어 통치할 사람이 마땅치 않았
어요. 그러나 알렉산드로스는 죽기 전에 "최고의 승자가 승리하
리라."라는 말을 남겼다고 합니다. 가장 강한 자가 다음 왕이 돼
야 한다고 말한 거예요. 그의 말대로 왕이 되고 싶었던 사람들은
서로 싸워서 왕위를 쟁취하려고 했습니다. 쟁탈전은 굉장히 치
열했어요. 결국 마지막에는 네 사람의 강력한 장군이 남았고, 그
네 사람은 제국을 네 지역으로 나눠 다스렸습니다. 그중 한 사람
이 이집트 지역을 차지한 프톨레마이오스 1세랍니다. 나머지
장군들은 얼마 지나지 않아 세력이 약해져 패망하고 말았습니
다. 알렉산드로스가 죽자 풍선처럼 불어나던 대제국이 순식간
에 '펑'하고 터져 버린 거예요.

고르디우스의 매듭을 칼로 잘라버린 알렉산드로스의 행동에 대해 어떻게 생각하나요?

어떤 친구들은 좀처럼 풀기 어려운 매듭을 간단하게 칼로 잘라 낸 알렉산드로스가 지혜롭다고 생각할 거예요. 하지만 어떤 친구들은 매듭을 칼로 자르지 않고 손으로 푸는 것이 규칙 아니냐고 물어볼 거예요. 맞아요. 사실 알렉산드로스는 규칙을 어긴 거예요. 여기서 잠깐 콜럼버스의 달걀 이야기를 살펴볼까요? 콜럼버스 또한 다른 사람들이 달걀을 세우지 못할 때, 달걀의 밑을 살짝 깨뜨려 세웠잖아요. 달걀을 깨뜨리지 않고 세우는 것이 규칙이었다면 콜럼버스도 규칙을 어긴 셈이에요. 하지만 그의 태도를 발상의 전환이라고 하잖아요. 여기에서도 알 수 있듯이 서양인들은 목적(결과)을 위해서라면 수단(방법)을 신경 쓰지 않는다는 사실을 알 수 있습니다. 후세의 말에 의하면 알렉산드로스가 제대로 매듭을 풀지 않고 칼로 절단했기 때문에 알렉산드로스 사후에 제국이 분열되었다고 합니다.